本研究得到国家自然科学基金面上项目"全球生产网络视角下中国对外农业投资的区位选择与模式优化研究"（41871109）的支持

价值链升级导向下中国农业对外投资布局研究

姜小鱼　陈秧分　著

中国农业出版社

北　京

图书在版编目（CIP）数据

价值链升级导向下中国农业对外投资布局研究 / 姜小鱼，陈秧分著 . —北京：中国农业出版社，2023.12
　　ISBN 978-7-109-30864-0

　　Ⅰ . ①价… Ⅱ . ①姜… ②陈… Ⅲ . ①农业投资－对外投资－研究－中国 Ⅳ . ①F323.9

中国国家版本馆 CIP 数据核字（2023）第 121853 号

中国农业出版社出版

地址：北京市朝阳区麦子店街 18 号楼
邮编：100125
责任编辑：闫保荣
版式设计：王　晨　　责任校对：吴丽婷
印刷：北京中兴印刷有限公司
版次：2023 年 12 月第 1 版
印次：2023 年 12 月北京第 1 次印刷
发行：新华书店北京发行所
开本：700mm×1000mm　1/16
印张：13.5
字数：185 千字
定价：68.00 元

　　农业对外投资是主动配置全球资源、提升农业价值链分工地位的重要途径。当前地缘政治竞争加剧,凸显了农业对外投资的不确定性,全球粮食安全形势严峻,亟需优化农业对外投资布局。在此背景下,研究中国农业对外投资布局及助推其价值链升级的路径,具有重要意义。本书立足国际投资和价值链理论,采取指数测算、计量模型、层次分析、社会网络分析、扎根分析等定性与定量研究方法,基于 fDi Markets 数据库、商务部境外投资企业名录数据库、TiVA 数据库、UN COMTRADE 数据库等数据,按照"理论机制研究–格局演变特征–区位布局优化–典型行业解析–典型企业分析–升级路径探讨"的逻辑思路,分析了农业对外投资布局促进价值链升级的理论机制,测算了中国在全球农业价值链中的分工地位,研究了中国农业对外投资的区位特征及其影响因素,评估了价值链各环节的适宜投资区位,并结合典型行业和企业层面的案例研究,提出了如何优化农业对外投资布局促进价值链升级的路径和建议。

　　除绪论、文献综述和研究结论等章节外,本书主体部分共有六章内容。第三章为理论机制分析,研究发展中国家农业对外投资布局促进价值链升级的作用机理;第四章为格局演变特征,研究中国农业对外投资的区位特征和在全球农业价值链中的参与情况;第五章为总体布局优化,研究价值链不同环节投资布局的影响因素和适宜投资区位;第六章为典型行业解析,研究粮油行业对外投资布局与价值链升级路径;第七章为典型企业分析,研究中粮集团农业对外投资布局与价值链升级路径;第八章为升级路径探讨,研究价值链升级导向下中国农业对外投资的战略选择。最后,根据实证结论,提出优化中国农业对外投资全球布局、加强全球农业价值链掌控的政策建议。

研究得到的主要结论如下：农业对外投资可通过横向深度嵌入升级、纵向延伸嵌入升级、价值跃迁式升级三条路径提升母国价值链分工地位，发展中国家对不同类型国家的农业投资都能够通过提高产业竞争力促进母国价值跃迁式升级，对发达国家的农业投资可通过逆向技术溢出效应促进母国纵向延伸嵌入升级，对其他发展中国家的农业投资可通过边际产业转移效应促进母国横向深度嵌入升级；中国农业对外投资集中在亚洲和欧洲，主要投资于生产环节，且中国在全球农业价值链中的分工地位偏低；中国企业倾向于向经济稳定性较好、购买力水平高的国家或地区投资，价值链不同环节区位选择的影响因素具有差异性；西欧地区、北美地区和澳新地区是农业对外投资的主要优势区，东南亚、拉丁美洲等国家更适合生产环节的投资，亚洲和欧洲吸引产后环节投资；针对粮油行业的研究表明，与发达国家相比，中国粮油价值链存在创新程度不足、价值链上下游断层等问题，需加大对粮油大国生产环节的投资以及对发达国家产前产后环节的投资，开展针对周边及"一带一路"沿线国家的全链条布局；针对典型企业的研究表明，中粮集团农业对外投资以资源和市场为导向，致力于以负责任的方式连接全球粮食供需，加强对价值链两端环节的掌控，实现了纵向延伸嵌入升级。最后，基于国家、典型行业和典型企业的研究分析，需从农业对外投资主体选择、行业选择、模式选择等方面综合施策，促进价值链升级。

本书的主要内容来自中国农业科学院博士学位论文，论文得到了众多专家学者的指导，在此深表感谢。感谢中国农业大学田维明教授、田志宏教授、司伟教授、李春顶教授、武拉平教授、张正河教授，中国人民大学曾寅初教授、郑风田教授、唐忠教授、马九杰教授，对外经济贸易大学杨军教授，南京农业大学王学军教授，中央财经大学于爱芝教授，国家发改委产业经济与技术经济研究所姜长云研究员，农业农村部农业贸易促进中心吕向东研究员，北京大学农业政策研究中心王晓兵研究员，中国社会科学院农村发展研究所胡冰川研究员，中国农业科学院农业信息研究所聂凤英研究员、张蕙杰研究员、贾相平研究员、中国农业科学院农业经济与发展研究所李思经研究员、李先德研究员、刘合光研究员，对本书的研究框架进行把关，并提出了许多建设性意见。另外，感谢商务部国际贸易经济合作研究院刘艺卓研究员、农业农村部对外经济合作中心于敏副研究员、中国农业科学院农业经济与发展研究所钱静斐副研究员、孙致陆副研究员对本书第五章基于价值链视角的中国农业对外投资布局优化研究部分的指标体系所提出的宝贵意见，以及百忙之中填写附录 A 中的层次分析法专家问卷，为定量研究结论的可靠性提供了保障。感谢中粮集团战略管理部张宏副总经理参与课题组对于中粮集团的访谈，为第七章研究中粮集团案例提供了一手资料。

由于农业对外投资与价值链升级问题涉及领域众多，影响因素复杂，且笔者学术水平有限，本书仅是初步探索，书中的错误和不足之处恳请各位读者批评指正。

著　者

CONTENTS 目 录

第1章 绪 论

1.1 研究背景与意义

1.1.1 新时期需优化农业对外投资布局

近年来，国内不断增长的农产品需求与农业资源短缺的矛盾逐渐凸显，适度进行海外耕地投资成为掌控全球农产品供应网络、保障国家粮食安全、提高农业竞争力的重要手段（Tian et al.，2020）。2013 年，我国农业对外投资规模首次超过引进规模，迈入了主动参与全球农业资源配置的新阶段（图 1-1）。受新冠疫情防控、贸易摩擦等因素影响，近年来我国农业对外投资面临的国际环境更趋复杂，我国农业对外投资已经出现了放缓的趋势。党的十九届五中全会提出，要加快构建双循

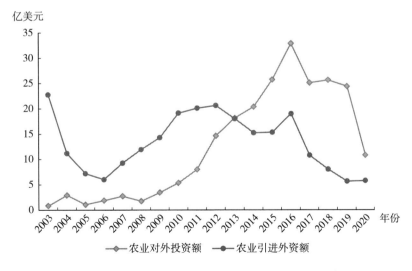

图 1-1 历年中国农业对外投资额以及农业引进外资额

资料来源：历年《中国统计年鉴》。

环互促的新发展格局，对外直接投资是推动实现双循环的有力途径之一。随着"一带一路"倡议深入推进，以及以区域全面经济伙伴关系协定（RCEP）为代表的多双边投资协定的陆续签订，我国与相关国家之间的合作将不断深化，对外投资前景广阔（Tortajada et al.，2021）。

与此同时，农业对外投资面临的不确定性增加。近年来，全球经济联系和国际分工不断加深，经贸环境日趋复杂，地缘政治竞争加剧（曾向红，2020；潘峰华等，2019）。2018 年暴发的中美贸易摩擦受到国际社会的广泛关注，对中国乃至世界农产品市场产生的影响仍在持续（王月等，2020）。2020 年新冠疫情全球蔓延、乌克兰危机的持续升温可能会使全球粮食安全形势进一步恶化，多重不确定性使全球粮食价格在 2022 年 3 月飙至近年新高（图 1-2）。多重不稳定因素叠加导致近年来农产品供应链受阻，进一步凸显出利用国内、国际两个市场稳定国家粮食供应、加强全球农产品价值链掌控的重要性（李谷成，2020）。

在当前复杂的国际经贸形势背景下，合理的布局是农业对外投资提质增效的重要途径，关系着企业能否有效深度参与全球农业市场。由于农业行业受自然环境等因素影响较大，对土地等资源的依赖程度较高，且农产品具有易腐性的特征，因此，与其他企业相比，农业企业在开展对外投资时需要有针对性地选择自然资源丰富、基础设施完善、市场规模较大的国家和地区投资，才能尽量降低企业面临的自然、经济等方面的风险，保障获得相应收益。深入研究中国农业对外投资布局规律，在全球层面探索适宜的投资区位，对于引导企业有效"走出去"，增强中国农业竞争力和影响力具有重要意义。但目前研究关注的焦点集中在中国农业对外投资发展阶段（陈伟，2014）、空间特征（刘志颐，2016）、投资问题（仇焕广等，2013；李治等，2020）、投资潜力（卢新海等，2014）、投资模式（徐雪高等，2015）、应对措施（仇焕广等，2013；方旖旎，2015；李治等，2020）等方面，对外直接投资区位相关研究仍集中在非农领域。同时，受农业对外投资问题复杂、数据获取困难等因素影响，现有农业对外投资区位研究仍以定性分析居多，基于理论探讨与实证分析的农业对外投资区位研究亟待进一步展开。

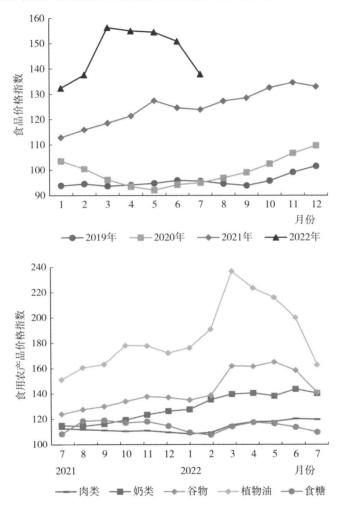

图 1-2 联合国粮食及农业组织食品价格指数和农产品价格指数（2014—2016＝100）

资料来源：联合国粮食及农业组织（FAO）。

1.1.2 中国在全球农业价值链中的分工地位亟待提升

随着全球化的加快推进，农业垂直专业化得以实现，由跨国公司主导的全球农业价值链基本形成，深刻影响着世界经济发展版图（杨杰，2017）。进入 21 世纪以来，中国日益参与全球农业价值链分工。我国是农业生产大国，但农业"大而不强"的问题仍然较为突出，在全球农业价值链分工中处于低端地位（刘林青等，2011）。从我国农业发展的内外部环境看，现阶段，我国农业要素禀赋与改革开放前相比发生了根本变化，资本和研发投入占全球的比重大幅提升，劳动力占比下降，耕地、淡水等自然资源要素更为短缺（江小涓等，2021）。与此同时，国际环境正在发生深刻变化。突发的新冠疫情防控引发了全球产业链、供应链的收缩，经济全球化退潮正在重塑全球价值链分工格局和治理体系，国际贸易和跨境投资增速放缓（王一鸣，2020）。新形势下，加快构建新发展格局，依靠高水平开放打造国际合作新优势，是培育新增长动力、实现高质量发展的战略选择（马建堂等，2020）。深度参与全球农业价值链，促进农业高质量发展，体现国家以开放迎接挑战的战略布局，也是保障国家粮食安全、提高农业产业竞争力与国际影响力的重要举措，意义深远（陈秧分等，2021）。

1.1.3 农业对外投资是促进价值链升级的重要途径

农业对外投资作为一国参与全球农业价值链分工的重要方式，本质是各国基于资源、技术、市场等比较优势实现产业链各环节的跨境合作并在此过程中实现价值链地位攀升。从全球价值链体系看，农业对外投资是在全球范围内进行资源的利用与优化配置，有针对性地对全球农业价值链各环节"补短板、强弱项、固优势"，实现价值链地位和国际竞争力的进一步提升（周炜，2021）。从价值链视角研究农业对外投资布局问题的意义在于，通过优化农业对外投资布局增强企业在价值链不同环节的竞争力，进而提升整体竞争力。从长期看，农业对外投资是中国农业经济和农业高质量发展的重要支撑，主动融入全球农业价值链是中国企业农业对外投资的现实选择，应着力打造高质量的对外开放新格局。在中国农业对外投资快速增长和全球价值链升级受阻背景下，如何通过调整优化对不同环节的农业对外投资区位布局提高全球农业价值链的参与程度、实现全球范围内资源的有效整合配置，进而提高价值链分工地位，值得深入研究探讨。

1.1.4　如何利用投资布局提高价值链地位亟待深入研究

从研究领域看，针对农业领域对外投资与价值链的理论和实证研究有待加强。当前研究以制造业、服务业以及总体的对外直接投资和价值链地位升级为主，事实上，由于农业生产依赖自然条件以及农产品具有易腐、不耐储存等特性，与制造业和服务业相比，农业领域对外投资的布局规律以及价值链攀升路径可能存在一定的差异，影响因素可能更为复杂，有待进一步探究。此外，农业发展事关国计民生，直接与国家粮食安全相挂钩，在当前中国农业发展面临的内外部环境深刻变化、国际粮食安全形势日益严峻的大背景下，中国如何通过优化农业对外投资布局重塑全球价值链分工格局和全球粮食治理体系，具有更加紧迫而重要的现实意义。

从研究对象看，当前对于农业对外投资与全球价值链的研究各成体系，鲜少有研究将两者相结合。农业对外投资是一国参与全球价值链的重要方式，深入研究农业对外投资对母国价值链升级的影响，对于企业对外投资的提质增效和母国价值链地位的攀升均有重要意义。投资布局是将农业对外投资与价值链升级结合的重要切入点，农业对外投资实际是母国企业与东道国结合各自相对优势的跨境合作，必然涉及投资区位决策问题，企业将根据自身目标和东道国要素禀赋进行投资区位选择，而不同的区位选择对于母国价值链升级路径和升级效果产生不同影响，有待更加细致的异质性研究。

从研究尺度看，研究农业对外投资与全球价值链关系需多层次、多尺度相结合。现有文献主要分为宏观国家层面的实证研究与微观企业层面的案例研究，农业对外投资和价值链升级涉及经济学、社会学、管理学、政治学、地理学等多学科，在宏观层面涉及中国和东道国的政治、经济和社会等领域，在微观层面涉及多元投资主体、投资模式等方面，各影响因素之间的结构和内在逻辑关系是复杂的。因此，农业对外投资与价值链研究在宏观和微观方面涉及范畴众多，从国家或企业单一尺度开展研究容易得到有偏的结论，需从宏观、中观、微观多个层面深入研究。

1.2 研究目标、内容及方法

1.2.1 研究目标

本研究紧紧围绕"如何优化农业对外投资布局提高价值链地位"这一核心问题展开，理论研究、实证研究、案例分析都服务于该研究目标。具体来看：

理论层面，以国际直接投资理论和价值链理论为基础，探寻农业领域尤其是发展中国家农业对外投资的布局规律、价值链升级模式，分析发展中国家通过优化农业对外投资布局促进价值链地位提升的方式路径，开展针对农业领域的对外直接投资与价值链理论研究。

应用层面，立足中国农业对外投资面临的不确定性增加以及在全球农业价值链中的分工地位偏低的现实背景，以提升全球农业价值链地位为目标，以投资布局为突破口，从国家层面研究中国在全球农业价值链中的分工地位，中国农业对外投资的区位特征与形成机理，尝试找出中国企业投资价值链不同环节的适宜区位，从行业和企业层面分析投资动因及投资策略，研究如何通过合理的投资布局提高全球农业价值链地位，为引导农业企业依据发展目标及自身优势有效率地"走出去"提供科技支撑。

1.2.2 研究内容

立足中国农业对外投资进入新阶段但面临的不确定性增加、在全球农业价值链中的地位偏低的现实背景，基于国际对外直接投资、全球农业价值链等方面的现有研究，以提高中国在全球农业价值链中的分工地位为目标，按照"理论机制研究→格局演变特征→总体布局优化→典型行业解析→典型企业分析→升级路径探讨"的逻辑思路，深入开展中国农业对外投资布局与价值链升级问题研究。

第一，立足国际投资理论和价值链理论，研究发展中国家通过农业对外投资布局促进价值链升级的理论机制。系统梳理国际主流对外投资理论和价值链理论，提炼出国际投资理论中的区位内涵，在此基础上，立足价值链升级模式，以提高价值链地位为目标，探讨向发达国家和发展中国家开展农业对外投资促进价值链地位升级的可行性及实现路径，并对提出的理论框架进行实证检验。

第二，分析中国农业对外投资区位特征，测度中国在全球农业价值链中的参与程度和分工地位。一是借鉴 Koopman（2012）在贸易增加值分解框架下构建的全球价值链参与度指标，以及 Hausmann 等（2017）构建的出口技术复杂度指数，测算中国参与全球农业价值链程度、分工地位、变动趋势等。二是基于《中国对外农业投资合作分析报告》，分析中国农业对外投资规模、产业和业务类别的全球布局情况。

第三，实证研究价值链不同环节中国农业对外投资区位选择的影响因素，分价值链环节探索适宜投资区位。从东道国引资需求、东道国投资环境和企业投资动机几个方面构建农业对外投资布局的理论框架，采用固定效应负二项回归模型，分析中国企业在价值链各环节区位选择的异同，得出企业在投资价值链不同环节的主要驱动因素，研究其区位选择规律。进一步地，采用层次分析法，从东道国引资需求、东道国资源优势、东道国市场优势、东道国地缘优势、东道国技术优势、东道国营商环节六个方面建立层次结构模型，结合各国资源禀赋与相对优势，研判针对价值链各环节的理想投资区位。根据定量研究结果，得出企业优化要素配置、建立地区产销网络的布局优化战略。

第四，选择粮油这一典型行业，分析粮油行业全球投资格局特征以及中国在全球粮油价值链中的分工地位，总结提炼中国粮油行业短板及价值链升级路径。一是采用社会网络分析方法，基于 fDi Markets 数据库中各国粮油对外投资数据，构建全球粮油对外投资网络，利用个体网络规模、网络中心性和网络异质性三个指标衡量一国粮油行业对外投资区位特征。二是采用指数测算法，测度中国在全球粮油价值链中的分工地位。进一步地，结合发达国家粮油价值链掌控模式以及中国粮油行业的发展现状，总结中国粮油行业价值链短板，分析中国粮油行业价值链提升路径。

第五，选择中粮集团这一典型企业，分析其农业对外投资布局及价值链升级路径，作为对宏观层面分析结果的验证和补充。采用扎根理论构建价值链视角下农业企业对外投资区位选择的概念模型，深入剖析嵌入价值链不同环节的企业投资布局、投资动机、投资模式相关因素之间的内在逻辑关系，从微观层面了解企业投资现状、战略决策与发展需求等。进一步地，研究中粮集团的典型并购案例，分析其投资战略以及价值链升级的模式和效果。

第六，结合定性和定量研究结论，从优化投资布局切入，提出如何提高农业对外投资效率、加强价值链把控的具体政策建议。

1.2.3 研究方法

为确保科研结论的科学化与可信度，本书采用定量研究与定性研究相结合的方法，主要研究方法包括指数测算、计量模型、层次分析法、社会网络分析法、扎根分析法等。

一是定量研究方法。在"理论机制研究"和"格局演变特征"部分，本书采用全球价值链参与度指数和出口技术复杂度指数分别测算了中国在全球农业价值链中的参与程度和分工地位，利用中介效应模型实证检验了发展中国家通过农业对外投资布局促进价值链升级的方式路径。在"总体布局优化"部分，采用固定效应负二项回归模型研究了价值链各环节农业对外投资区位选择的影响因素，并采用层次分析法评估了价值链各环节的适宜投资区位。

二是案例研究方法。由于农业对外投资项目数量众多，每个投资项目都牵涉到自然、社会、经济、环境等多个方面，以及公司、农户、政府等多个利益相关者。受数据获取限制，难以针对具体农产品品种开展农业对外投资与价值链研究。因此，选取典型行业和典型企业开展案例研究，作为本研究宏观层面定量研究的验证与补充。在"典型行业解析"部分，利用社会网络分析方法探索国际粮油投资布局特征，采用出口技术复杂度指数测算中国粮油行业在全球价值链中的分工地位，并借鉴发达国家粮油价值链掌控模式，结合中国粮油价值链发展现状和短板，提出促进粮油价值链升级的路径。在"典型企业分析"部分，选取中粮集团开展访谈与问卷调查，收集相关资料，利用扎根理论构建价值链视角下中粮集团农业对外投资区位分析框架，并结合典型并购案例探讨中粮集团价值链升级模式和效果。

1.3　研究思路与技术路线

本研究按照"理论机制研究→格局演变特征→总体布局优化→典型行业解析→典型企业分析→升级路径探讨"的思路展开，从国家、典型行业和典型企业三个尺度研究中国应如何优化农业对外投资布局促进全球价值链升级（图 1-3）。

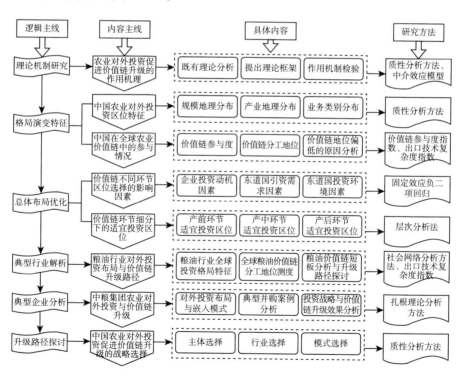

图 1-3　技术路线

第一部分为理论机制研究，对应第 3 章，研究发展中国家农业对外投资布局促进价值链升级的作用机理。在系统梳理现有国际对外直接投资、区位理论和价值链理论基础上，提出通过农业对外投资布局促进价值链地位提高的理论框架并进行实证检验。

第二部分为格局演变特征，对应第 4 章，研究中国农业对外投资的区位特征和在全球农业价值链中的参与情况。该部分分析了中国农业对外投资的格局特征，并测算了中国在全球农业价值链中的参与程度及分工地位，诊断了中国当前全球农业价值链地位偏低的原因。

第三部分为总体布局优化，对应第 5 章，研究价值链不同环节投资布局的影响因素和适宜投资区位。采用固定效应负二项回归模型实证研究价值链不同环节农业对外投资布局影响因素的异同，分析当前农业对外投资格局特征的形成机理，并利用层次分析法研究针对各环节拓展优化投资布局的可能性。

第四部分为典型行业解析，对应第 6 章，研究粮油行业对外投资布局与价值链升级路径。以粮油行业为例，采用社会网络分析方法研究全球粮油投资布局特征，测度中国粮油行业的全球价值链地位，分析中国粮油行业全球价值链掌控的短板瓶颈及提升路径，弥补研究宏观层面以农业整体作为研究对象的不足。

第五部分为典型企业分析，对应第 7 章，研究中粮集团农业对外投资布局与价值链升级路径。利用扎根理论分析中粮集团价值链布局特征、影响因素及内在逻辑关系，并遴选促进中粮集团价值链升级的典型并购案例，总结中粮集团实现价值链升级的经验启示。

第六部分为升级路径探讨，对应第 8 章，研究价值链升级导向下中国农业对外投资的战略选择。该部分构建了针对不同类型东道国的农业对外投资战略框架，指导企业依据自身实力、所处行业和嵌入模式合理选择投资区位进而实现价值链升级，并对政府如何支持涉农企业有效"走出去"提供参考。

最后，根据上文研究分析的实证结论，提出优化中国农业对外投资全球布局、加强全球农业价值链掌控的政策建议。

1.4　研究重点与难点

本研究的重点内容有：在实证层面，在价值链环节细分的基础上，研究中国农业对外投资的区位特征、影响因素、企业区位决策等，得出价值链各环节的适宜投资区位，为进一步拓展和优化农业对外投资布局提供依据。在理论层面，构建发展中国家利用农业对外投资促进价值链升级的理论框架。借鉴现有理论和研究基础，根据当前发展中国家农业价值链投资布局特征，结合东道国的区位优势和企业投资目标等，分析发展中国家通过优化农业对外投资布局促进全球价值链地位提升的实现路径并进行实证检验。

本研究的难点内容有：第一，数据问题，农业对外投资相关数据不透明，不同数据资料统计口径不尽相同，可能对研究结果产生影响，本研究尽量选择更权威的数据，如 fDi Markets 数据库，商务部境外投资企业名录数据库，以及农业农村部《中国对外农业投资合作分析报告》等，并结合世界银行、FAO 等国际公开数据开展研究。第二，尽管国内外对于中国对外投资区位选择的研究较多，但具体到农业领域的研究不多，可供参考的资料具有一定局限性，且当前农业对外投资面临的不确定性明显增加，如何合理设置评价指标使得结论和对策符合当前的宏观环境是研究的难点。第三，如何在理论和实证层面将全球价值链研究与农业对外投资研究结合起来，探讨通过优化农业对外投资促进价值链升级的路径是本研究的难点和关键。本书从投资布局切入，企业投资区位选择在很大程度上是由企业投资动机决定的，如何从多层面剖析投资动机，如何将不同的投资动机与价值链不同环节进行匹配从而实现利益最大化，如何评估匹配后价值链不同环节的升级效果，以及如何锁定价值链优势和薄弱环节进而寻求价值链跃升，这些都需要进行充分的理论和实证论证。

1.5　研究的创新点

在实证层面，本研究尝试将农业对外投资布局与农业价值链地位提升相结合，探索农业对外投资的提质增效路径。既有研究主要从粮食安全、发展外溢、地缘政治等视角研究农业对外投资布局的决定因素及其对投资效果的决定作用，主要从价值获取、技术溢出等视角研究全球价值链升级问题，鲜见将对外投资区位与价值链升级相结合的研究报道。价值链升级本质上是一国农业在全球生产网络中的地位攀升，农业对外投资则是嵌入全球生产网络、主导配置全球资源的关键突破口。在全球经贸环境日趋复杂、地缘政治竞争加剧的背景下，从国家、行业、企业三个尺度全方位分析中国应如何通过优化农业对外投资布局提高全球农业价值链地位，在研究视角上具有较强的创新性。

在理论层面，研究发展中国家投资布局影响全球价值链升级的路径机制，论证发展中国家通过优化农业对外投资布局促进全球价值链地位攀升的可能性。当前尚未形成完善的针对农业领域特别是发展中国家的对外直接投资理论，本书从投资布局切入，提炼出对外直接投资理论中蕴含的区位思想，将其与价值链理论中的价值链升级机理相结合，尝试从理论层面构建一国农业对外投资区位选择促进价值链地位提升的分析框架，是对既有对外直接投资和价值链理论侧重非农领域的一种补充，在研究理论方面具有一定的创新性。

1.6　研究的不足及展望

受农业对外投资项目保密性强、农业价值链相关数据难以获取等因素限制，本书在开展相关定量研究时面临较大的制约。本研究存在的不足之处如下：

（1）数据获取问题。由于农业对外投资问题较为敏感，相关数据获取难度较大，统计口径有差异且存在数据更新不及时等问题。受制于数据获取问题，本研究关于国家层面农业对外投资区位选择的影响因素与布局优化研究将农业看作一个整体，计量分析难以聚焦具体的行业和农产品，相关定量研究的深度受限。为弥补研究不足，本书在宏观层面定量研究基础上，选择粮油这一典型行业，开展农业对外投资布局与价值链升级路径研究，是对宏观层面定量研究结论的佐证和补充。

（2）测算方法问题。对于世界价值链分工地位的估计，一般使用出口技术复杂性、农业垂直专业化、国际价值链地位指标和上游度指数等，研究中借用了现有的国际价值链参与度指标和出口技术复杂性指数评价我国在世界农产品价值链中的参与程度和分工地位。虽然用出口技术复杂性指标评价一国在世界农产品价值链中的分工地位存在着难以精确计量的问题，但受农业领域数据获取的客观约束，该指标在测度全球农业价值链地位时被广泛使用，如孙延红等（2020）、马述忠等（2016），对研究结果的影响总体是可控的。随着全球农业价值链数据的逐渐完善细化，如何创新评价指标，使之能更为准确地反映一国全球价值链地位是今后的一个研究方向。

（3）影响因素问题。当前，农业对外投资面临的不确定性增加，2018 年的中美贸易摩擦、2020 年的新冠疫情全球蔓延以及当前的乌克兰危机等重大事件均会对中国农业对外投资布局产生一定的影响，但由于这些不确定因素难以量化，定量研究未能充分考虑复杂的外部环境，研究结果存在一定的局限性。本书通过微观企业案例研究弥补该部分的不足，通过对中粮集团相关负责人的访谈以及文献分析，研究中粮集团对外投资区位选择的影响因素，以及这些影响因素与企业投资战略、投资模式、国内外宏观经济环境等方面的关联，解读企业投资决策行为，分析企业价值链升级效果以及发展诉求。

第 2 章　文献综述

本章先界定了农业对外投资、全球农业价值链的相关概念，并从农业对外投资、对外直接投资区位选择、全球价值链地位分工地位测算和升级路径、对外投资对全球价值链地位的影响等方面梳理了国内外的相关研究成果，分析了农业对外投资区位研究内容与研究视角方面的空白，为后文研究打下基础。

2.1　相关概念界定

2.1.1　农业对外投资

农业对外投资是投资主体为取得农产品市场主动权、境外企业经营管理的掌控权，将其资金、农业技术、管理技能、设备等有形以及无形资产投入境外种植养殖业、畜牧业、林业、渔业等的跨界资本输出行为。农业对外投资是中国农业"走出去"的重要组成部分，既包含农业生产主体"走出去"，即中国农企、科研单位等在从事境外农业生产、农业科技合作、农产品运输以及销售等活动，也包括国内生产的农产品、农业技术、劳动力、农业生产资料等"走出去"，开展国际合作。本研究中的农业对外投资所指的是农业对外直接投资，包括种植业、养殖业等生产环节投资，也包括化肥、农药、饲料、农业机械、种苗研发等产前环节投资，还包括农产品加工、仓储、物流、销售等产后环节，不包括对股票、债券等公司证券的间接投资。

2.1.2　全球农业价值链

Porter 最早提出了价值链的概念，认为企业运营过程所涵盖的一系列经济活动是价值的载体，如研发、采购、生产、物流、销售及服务等，这些活动构成了一条可以为企业创造源源不断价值的链条，企业的价值链就是由这些价值增殖的过程所构成的。1992 年，施振荣先生提出了"微笑曲线"理论（图 2-1），直观地反映了企业价值创造过程。

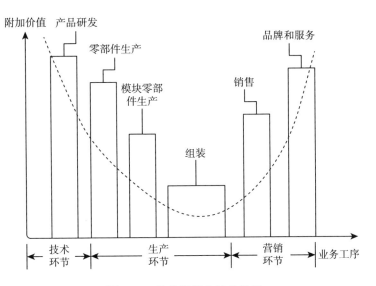

图 2-1　传统微笑曲线示意图

随着全球分工的日益细化，"全球商品链"概念应运而生（Gereffi et al.，1994），从国家内部到全球各类型企业都是商品链上的参与者，进而实现全球资源的优化配置。之后，Gereffi（2001）进一步提出了全球价值链的概念，认为价值链指的是从研发、制造、组装、销售以及售后服务等贯穿整个产品生命周期的各个环节。20 世纪 90 年代后，随着农业领域全球分工的深化，联合国粮食及农业组织（以下简称粮农组织）定义了全球农业价值链，指出全球农业价值链是一种从最早的农产品播种到农产品消费的全过程，在这个过程中，每一阶段都会附加一定价值，如加工、仓储、运输等。

2.2　国内外相关研究动态

2.2.1　农业对外投资的相关研究进展

随着国际分工的深入，农业跨国公司在全球进行跨国生产、采购和连锁销售的现象日益普遍（尹成杰，2010），21世纪以来更是形成了一股以土地权属转移为主要方式的海外农业投资浪潮，发展中国家与新兴工业化国家成为农业对外投资的重要主体。中国自加入WTO以来，一直在积极推动农业贸易和海外直接投资，重塑中国与世界的互动格局（Fiorentini，2016）。中国农业对外投资利用了全球资源与国际市场，服务了国家农业农村大局与整体外交需要，但仍存在对外投资环境日趋严峻、企业整体竞争力不强、农业对外投资效果偏低等诸多问题（Chen et al.，2017）。随着国家综合实力继续上升、新冠疫情在全球范围内得到基本控制、"一带一路"倡议深入推进，以及RCEP等多边、双边投资协定的陆续签订，预计中国农业对外投资规模将持续增长。在此背景下，大量研究关注了中国农业对外投资发展阶段（陈伟，2014）、空间特征（刘志颐，2016）、投资问题（仇焕广等，2013）、投资潜力（卢新海等，2014）、投资模式（徐雪高等，2015）、应对措施（方旖旎，2015）等领域。

从投资主体看，中国农业对外投资主体日趋多元，除国有企业、私营企业等重要主体外，还涉及一些个人投资者、研究机构、银行和投资基金等（Amanor et al.，2016；Xu et al.，2016；Xu et al.，2014）。国有企业是中国农业对外投资的重要主体。凭借丰富的海外投资经验、雄厚的经济实力以及强大的资源整合配置能力，国有企业在中国农业对外投资中占据主导地位（方旖旎，2015）。基于GRAIN数据库的分析结果表明，中国在非洲的土地投资项目中有很大一部分是通过国有企业进行的（Lisk，2013）。农垦企业与其他国有企业相比，在作物的高效集中连片种植以及土地资源的规模化开发方面具有显著优势（杨易等，2016）。中国民营企业数量多、范围广、实力不断增强，加大了农业对外投资的步伐，正逐渐动摇央企和大型农垦企业的主导地位（方旖旎，2015）。基于Land Matrix的统计分析表明，从投资项目面积总计看，国有企业超过民营企业，但从投资项目数量看，民营企业已经超越国有企业，成为中国海外耕地投资的主力军（李艳君，2016）。且有研究表明，民营企业在农业对外投资中面临的舆论压力相比国有企业小得多（Jiang et al.，2019）。非农企业作为中国农业对外投资的新生力量，通过发挥其在合作网络、海外投资经验以及资本运作方面的优势，开始逐渐增加涉农跨界投资（杨易等，2016）。中国农业对外投资主体呈现多元化趋势，逐渐形成了以国有企业为主导，民营企业和非农企业共同参与的多元投资主体结构（胡月等，2016）。

从投资环节看，集中在种植业和农林牧渔服务业，业务范围以租地、种植、加工为主，部分具备资本优势的大型企业的仓储、物流、贸易等环节还在起步阶段（王兴华，2017）。从结构分布来看，中国农业对外投资最初是从渔业开始的（宋洪远等，2012），目前主要集中在种植业和畜牧业，截至2020年年底，种植业对外投资存量为179.42亿美元，占农业对外投资总存量的59.37%，畜牧业占8.65%（农业农村部国际合作司等，2021）。种植业的重要作物，包括稻米、小麦、苞谷、黄豆、自然胶、棕榈油等，多为国内市场需求量旺盛却没有生产相对优势的商品。仇焕广等（2013）通过对47家"走出去"企业的调查研究认为，部分企业已经开始转变观念，逐渐将投资领域扩展到园艺及橡胶产品的生产加工、森林资源和生物质能源开发、农业生产技术研发、仓储和物流体系建设、销售及品牌建设等各环节，拉长了农业产业链，行业结构呈现多元化趋势。相比较而言，中国与发达国家在投资方式上存在较大差距，跨国粮商凭借雄厚的资本和技术优势，已实现生产加工、仓储物流到品牌管理的全产业链经营，中国"走出去"的企业多为中小企业，业务范围以租地、种植、加工为主，部分具备资本优势的大型企业的仓储、物流、贸易等环节还在完善（王兴华等，2017）。

从投资模式看，中国农业对外投资已经形成了"抱团出海"、技术输出、资本并购、资源回运、过剩产能转移、土地租赁等多种模式（Zha et al.，2013）：①"抱团出海"是指由几个实力较强的企业牵头，在海外搭建合作平台，形成产业园区，由此吸引一大批中小型国内企业

"走出去"。该模式可实现农业生产、农产品加工、农业资源购销、物流、仓储等不同环节的优势互补，形成完整的产业链，是实现中小企业高效率"走出去"的主要模式（方旖旎，2015）。②技术输出主要采用海外试种的形式，在海外开展试验示范、制种繁育、推广销售，主要集中在产业链上游（杨易等，2016）。例如，巴西和中国通过技术输出对非洲进行了以援助、投资、贸易和外交为特征的复杂的发展合作，为非洲农业创造了新的活力（Scoones et al.，2016）。中国通过技术输出可提高东道国粮食生产水平，进而有利于保障国内与其他地区粮食安全（Alden，2013）。③资源回运是中国农业对外投资的一种早期模式，主要为了满足国内粮食安全，缓解中国经济发展和自然资源短缺的矛盾。例如，中国国有农业集团在阿根廷、巴西、加拿大和其他国家对大豆和油菜的投资主要出于对中国过度依赖国际市场的担忧；中国远洋渔业的扩张是为了满足中国对水产品不断增长的需求（Zha et al.，2013）。④过剩产能转移主要针对中国农药、农机等国内产能严重过剩但出口优势较大的农资、装备行业。中国小型农机产品的性价比高，疫苗、农药、兽药等产品的技术优势明显，在非洲、东南亚、南美洲等地颇受欢迎，通过向海外输出这些优势产品，可以转移国内过剩产能，开发海外优质廉价的农业资源，开拓发展中国家市场（宋洪远等，2012）。⑤资本并购因国内外农产品市场逐渐接轨以及中国经济实力增强而逐渐成为中国农业对外投资的重要模式（徐雪高等，2015）。周蕾等（2017）对中国农业企业的对外直接投资模式与21世纪前10年的投资模式比较后发现，中国农业对外投资已经从"绿地投资"向"褐地投资"转移。资本并购不仅能够缩短投资周期，还能获得本土优势企业资源，减少与东道国的非经济摩擦，增强产业链控制力（方旖旎，2015）。⑥土地租赁是企业获取农业利润的一种方式（Deininger et al.，2011），一些资本丰富但自然资源匮乏的国家，如中国、韩国、日本、沙特阿拉伯和科威特等，会购买或租赁大量外国土地，用来保障国内粮食安全（Azadi et al.，2013）。

从中国农业对外投资面临的国际环境看，广大的发展中国家迫切需要引进农业外资，以《农业和粮食系统负责任投资原则》为代表的国际规则将改善长期投资环境，但仍面临国际社会舆论的质疑，东道国投资环境的制约以及发达国家的激烈竞争（Jiang et al.，2020；Aung et al.，2014；赵捷等，2020）。一方面，当前我国农业对外投资正面临着巨大的战略机遇期。"一带一路"倡议和 RCEP 等农村双多边协议的签订，给我国农业对外投资带来了便利。王兴华（2017）的研究认为，"一带一路"倡议或可催生 7 500 亿元的海外农业投资机会，其中亚洲和欧洲是最主要的意愿投资地，非洲因其廉价的资源、劳动力和相对开放的投资环境也成为中国投资机构理想的投资区域。高贵现等（2022）认为，RCEP 的签署使得各成员在商品和服务贸易、营商环境、直接投资等方面达成了高水平的协定，将显著促进中国农产品贸易和对外投资的发展，有利于农业企业构建区域产业链、价值链。此外，国际社会正加强全球海外农业投资与粮食安全治理，一系列国际规则的制定可为中国农业对外投资营造更良好的舆论、制度和法律环境（陈秧分等，2015）。另一方面，中国农业对外投资也面临着诸多挑战。从全球尺度看，中国面临严峻的国际投资环境，首先，体现在国际社会舆论对农业企业对外投资透明度和真实意图的质疑（Smith，2009；Tulone et al.，2022）。许多外国人担心中国投资者可能会把技术、资源和就业机会带回中国，并对当地企业造成冲击，从而破坏当地经济的可持续发展以及自然环境（He et al.，2014）。其次，受东道国投资环境的制约，部分国家政局不稳、政策连续性较差、农业基础条件较差以及产业保护政策的壁垒使中国农业对外投资存在较大风险（宋洪远等，2014）。再次，新冠疫情全球扩散、乌克兰危机等不稳定因素的增加会影响农业劳动力供应和农产品供应链运转。尽管目前还未出现全球性粮食危机，但已导致全球农产品产业链、供应链急剧收缩，逆全球化思潮迭起（Jiang et al.，2021）。最后，中国还面临发达国家的激烈竞争。发达国家跨国公司规模较大，通过全产业链加强对全球农业资源的垄断，加大对重要农产品市场的掌控力度，在农业对外投资方面占有明显的优势。将来国际社会对全球农业资源的争夺将更趋激烈，这对中国企业的农业投资造成了较大压力（李艳君，2016）。

从中国农业对外投资面临的国内条件看，中国已从国家层面构筑农业对外合作新机制，以更加积极主动的姿态参与农业全球治理（姜小鱼等，2018），但仍存在投资规模小、企业竞争力不强以及投资环节过于集中等问题（方旖旎，2015；林文维等，2011）。一方面，中国对外直接投资能力是由中国总体经济实力决定的。2014 年中国对外直接投资流量已超过外商对中国的投资，且对外投资增长速度明显快于投资流入速度，表明中国企业已具备内部化优势以及利用外国区位优势的能力，可以进行大规模对外投资（宋洪远等，2012）。此外，根据拉奥的技术本地化理论，中国作为发展中国家，可以利用发达国家的技术进行本地化改造，这种主动的创新活动会形成中国特有的竞争优势（Lall et al.，1983）。另一方面，中国农业对外投资自身也存在着诸多问题，在国家层面，农业对外投资尚缺乏总体规划指导以及应对不利的国际投资环境的体制机制，国家政策支持力度不够且缺乏较为健全的税收、保险等支持体系（李艳君，2016）。在企业层面，部分企业缺乏明确的投资布局规划、投资目标和投资路径，中国企业总体规模较小且整体实力和竞争力不强，中国投资主要集中在生产、加工和销售环节，仓储、物流等中间环节薄弱，易产生上下游企业的信息不对称等问题（方旖旎，2015），以理论分析为基础探索中国农业对外投资路径的研究仍有待加强。

2.2.2　对外直接投资区位选择的相关研究进展

我国农业要想"走出去"，首先面临的就是投资区位决策问题，这直接关系到企业目标的实现和投资项目的可持续发展。企业选择投资地点时，除了考虑耕地资源外，一般还会综合考虑东道国的基础设施情况、土地政策和成本、社会稳定情况、与中国地理位置的远近以及外交情况等（仇焕广等，2013）。从海外直接投资区位选择的考虑方面来看，大致可分为两个层面的研究，一是公司本身性质选择的考虑要素，二是国家层面的考虑要素，包括母国与东道国。从研究方法看，主要是利用典型企业案例与相关数据库，采用异质性企业模型、二值选择模型等分析方法，研究母公司竞争优势、企业生产率、海外集群、制度环境等因素在区位选择中的重要作用，借此研究跨国公司布局特征与行为逻辑。

一部分研究关注了资源基础理论，试图从资源能力、企业性质以及比较优势等方面解释企业对外直接投资的区位选择倾向。Barney（1991）认为战略资源在企业间的分布具有异质性，不随时间变动，这种垄断性资源的差异是企业竞争优势的主要来源。企业拥有的这些资源能够同时在多个市场使用，从而平衡由于外来者劣势以及企业管理复杂度提高导致的损失和风险，最终实现生产的合理化以及规模经济（Tseng，2007）。Lu 等（2011）的研究指出，企业的科研水平、技术优势以及研发投入等都会促使企业开展战略资产寻求型的对外投资，而国内激烈的市场竞争会促使出口经验丰富的企业开展市场寻求型的对外投资。Wang 等（2012）基于 679 个企业的对外直接投资数据，从国家、行业、企业三个层面研究了新兴国家企业对外投资的驱动因素，结果显示母国的产业结构以及支持政策会显著影响企业对外投资区位选择。吴先明等（2016）的研究则认为，中国企业在对发展中国家的投资和对发达国家的投资过程中的比较优势和影响因素存在差异。

企业所有权性质也是投资区位选择的重要影响因素。受企业层面的数据限制，相关把企业所有制性质作为对外投资区位选择的影响因素的研究没有得到一致的结果。部分研究认为国有企业的所有权性质能够促进企业海外投资，因为国有企业更容易得到国家政策扶持（邱立成等，2015），政府与企业密切的关系能够弥补企业在科研水平等方面的不足（孙乾坤等，2021）。另一些学者则认为国有企业的属性会对企业海外投资产生负面影响。Hu 等（2014）的研究认为国有企业相比其他类型企业没有表现出更强的对外投资动机。尽管政府对国有企业的支持力度更大，国有企业也掌握着更多的国家政策资源，但是国有企业的性质在对外投资过程中会遭受东道国更多的限制（Cui et al.，2010）。Huang 等（2017）的研究进一步验证了较高的国资控股比例会对国有企业对外投资产生负面影响，尤其对于制造业企业来说。李洪亚等（2017）的研究结果证明，所有制改革会显著促进对外直接投资，国有企业占比越高，越会抑制对外直接投资。

从国家层面看，企业对外投资区位选择的影响因素包括投资环境、文化、制度等方面。从投资环境看，Tolentino（2010）利用中国和印度企业的对外直接投资数据，采用 VAR 模型，研究了东道国的贸易开放度、利率、汇率对于引入外商投资的影响，结果表明这些环境因素影响较小。Kolstad 等（2012）利用 2003 年至 2006 年中国企业的投资数据，认为中国企业倾向于向资源丰富、制度水平低、市场规模大的东道国投资。潘素昆等（2020）认为基础设施质量是影响中国对于"一带一路"沿线经济转型国家和发达国家对外投资区位选择的重要因素。赵赛等（2022）认为综合风险与中国企业对外投资显著正相关，双边关系风险和经济金融风险显著正相关。总的来看，治理水平较低、政治不稳定的东道国意味着较高的投资风险，但与此同时，这类国家具有较高的吸引外资的需求，很少对投资者设限（Luo et al.，2017）。

中国企业投资区位选择也会受到东道国的制度以及文化差距的影响。Cui 等（2011）的研究认为东道国的认知压力和文化壁垒对企业对外投资产生了负面影响。Bastos（2012）采用葡萄牙企业数据的研究证明，母国移民网络会显著降低企业建立生产网络的成本。对于中国企业倾向于向制度环境较好还是制度环境较差的国家投资，既有研究结论存在分歧。部分研究认为，东道国较低的腐败水平、良好的政治环境和基础设施能够显著降低企业对外直接投资的风险和不确定性（Cuervo‐Cazurra，2006）。也有一些文献认为，中国企业存在"制度风险偏好"（张岳然等，2020；Buckley et al.，2007），因为制度风险较高的国家往往拥有丰裕的自然资源和劳动力（王泽宇等，2019）。还有部分研究认为，东道国和母国制度距离越远，则企业越可能缺乏相应的经营技巧和知识，因此中国企业倾向于到一些与中国制度相近的发展中国家投资（邓明，2012），此外，中国企业在这些国家开展对外投资更具竞争优势（Cuervo‐Cazurra et al.，2008）。

2.2.3 全球价值链分工地位测算和升级路径

全球价值链已成为当前国际经济领域研究的热点，既有研究重点关注了企业管理（周杰，2020）、产业升级（张其仔等，2020）、全球价值链治理（Knöpfel，2020）、全球价值链分工（崔日明等，2020）等方面。全球价值链地位的测算是学者们研究的焦点。近年来，以增加值贸易为核心的统计体系不断发展，学者们在该核算体系下构建了一系列指标来反映全球价值链地位。常用的有出口技术复杂度指数、垂直专业化指数、全球价值链地位指数、上游度指数等。

（1）出口技术复杂度。该指数最早由 Hausmann 等（2007）构建，侧重从技术方面衡量一国在全球价值链中的分工地位。戴翔等（2011）计算了 1994 年至 2009 年中国高技术密集型产品的出口技术复杂度，认为与美国产品相比，中国的出口竞争力相对较弱。张亚斌等（2015）测算了中国服务贸易产品的出口技术复杂度，测度结果表明中国处于中游水平。苏庆义（2016）运用了体现贸易属性的国内增加值率和体现产品属性的出口技术复杂度两种指标测度中国的全球价值链地位，从结果看，中国的分工地位没有明显提高。

（2）垂直专业化指数。该指数由 Hummels（2001）最早提出，是指进口产品的投入价值占单位产品出口的比例，数值越高，参与国际分工的程度越深，测度标准依据的是贸易增加值的分解。于津平等（2014）研究了该值与价值链地位的关系，认为一国较高的垂直专业化程度能够有效促进价值链地位的攀升。文东伟（2010）采用该指数测算了中国在全球制造业价值链中的参与情况，发现中国在全球价值链中的参与程度较低但增长速度较快。

（3）全球价值链地位指数。2011 年，Koopman 等将出口增加值分

解为五部分，构建了全球价值链地位指数，后经学者不断完善。周升起
（2014）利用 TiVA 数据库，采用该指数测算了 1995 年至 2009 年中国
制造业及其细分行业在全球价值链中的分工地位，结果表明中国价值链
地位指数呈 L 形变化，在全球处于较低水平。而金钰莹等（2020）认
为中国服务业和制造业的全球价值链地位指数呈 N 形变化。乔小勇等
（2017）比较了中国服务业和制造业的分工情况，研究认为服务业和制
造业全球价值链参与度和分工地位之间的正相关关系不显著。

（4）上游度指数。该指数由 Antràs 等（2012）构建，侧重衡量物
理方面的价值链分工，体现了生产分工的位置。王金亮（2014）利用该
指数测算了中国制造业全球价值链地位，结果表明中国制造业在全球价
值链中处于较低水平。马风涛（2015）利用投入产出表测算了 1995 年
至 2009 年制造业全球价值链上游度指数和长度指标，表明全球价值链
上游度先升后降，长度先增后减。刘洪铎等（2016）对整体以及大类和
单一行业进行了测度，结果表明，与美国相比，中国行业的上游度水平
较高且呈上升趋势。董有德等（2017）的研究结果也认为中国行业的平
均上游度不断提高，且优势产业为中游产业。邓光耀等（2018）采用世
界投入产出表数据测算了 2000 年至 2014 年 44 个国家的上游度指数，
从结果看，中国与全球平均值相比该指数偏高。吕越等（2020）从企业
层面计算了 2000 年至 2013 年的上游度，发现上游企业面临的出口风险
更高。

现有研究表明，不同行业的全球价值链分工地位影响因素及其升级
路径存在差异。对于制造业来说，众多学者基于贸易上游度、知识吸收
能力等视角实证研究了研发创新（Yang et al.，2021）、资源禀赋（容
金霞等，2016）、外商直接投资（Li et al.，2021）、制度质量改善（Ge
et al.，2020）、中间服务的跨境流动（崔兴华，2021）、金融部门发展
（Kersan‑Škabić，2019）等因素对价值链地位的提升作用。对于农业
领域，孙延红等（2020）利用 33 个发展中国家的面板数据，采用固定
效应模型研究了垂直专业化、贸易开放度、研发投入、人力资本等因素

对于发展中国家农业价值链地位提升的影响。马述忠等（2016）基于社会网络分析视角证明了农产品贸易网络的中心性、联系强度和异质性都能够显著提升价值链地位。钟祖昌等（2021）的研究认为，网络强度和网络中心性能对于提高该国全球价值链分工地位具有显著的促进作用，但网络异质性则对一国在全球价值链中的分工地位具有负向影响。曹监平等（2020）的研究则认为，点强度正向影响该国全球价值链地位提升，度数中心度负向影响价值链地位，而异质性没有显著影响。

从研究对象看，当前研究主要针对制造业（杨建龙等，2020）、加工业（盛豪，2018）、服务业（姚战琪，2019）。涉及农业行业的研究相对较少，其中，汤碧等（2019）通过前向后向联系分析，认为中国参与全球农业价值链的程度较低，但在亚太生产网络中的地位略有上升。李婷（2018）基于附加值贸易视角，利用中间品贸易网络指数测度得出中国处于东亚生产网络的中心地位。孙炜（2019）认为中国农产品出口技术复杂度不断提高，但不同地区、不同类别的农产品出口技术复杂度测算结果存在较大差异。

2.2.4 对外投资对全球价值链地位影响的相关研究进展

国际贸易和投资是影响全球价值链地位的主要途径。白光裕等（2015）的研究表明，国际投资与贸易分别以资金流和货物流的形式将价值链具象化。现有文献较少直接研究两者关系，大多数研究从分析对外直接投资对技术创新和产业结构的影响入手，间接分析其对母国全球价值链地位提升的促进作用。

主流观点认为，对外投资显著促进了母国在全球价值链中的分工地位。一方面，对外投资可以产生集聚效应，显著提高母国分工地位（Giuliani et al.，2005），另一方面，对外投资还能提高母国的全要素生产率（Herzer，2011）。彭澎等人（2018）认为对外直接投资显著提升了"一带一路"母国和东道国的双边价值链地位。

对外投资对全球价值链地位的影响路径可分为以下几点。一是通过产业升级促进全球价值链地位提升（李东坤等，2016）。企业倾向于向具有要素禀赋优势的地区投资，通过整合内部产业链、低成本生产以及转移边际产业等方式促进价值链升级（Blyde，2014），提升母国价值链地位。于世海（2014）的研究认为，对外投资是推动产业结构升级的重要途径，能够促进资源的优化配置以及各类生产要素的流动。二是通过技术溢出提升价值链地位。对外投资活动具有技术寻求型动机（蒋冠宏等，2014），倾向于向不具有技术优势的产业投资（辛晴等，2011），通过提高全要素生产率和创新能力（邱斌等，2020），实现技术逆向溢出效应（Driffield，2003）。Palit（2006）的研究进一步指出，对于发展中国家来说，外商直接投资是技术溢出和技术扩散的重要渠道。

同时也有研究认为，对外直接投资对于母国在全球价值链的分工地位可能存在中性或负向的影响（陶长琪等，2019），对外投资的逆向技术溢出效应没有完全显现（尹东东等，2016），甚至会负向影响中国的创新能力（何建华等，2016）。Blomstrom 等（1999）的研究证实，对外直接投资会挤出国内投资，进而导致就业率降低、对外贸易的减少、国内产业"空心化"，最终降低社会购买力。Jürgen 等（2008）利用 17 个国家对外直接投资数据的研究表明，对外直接投资对母国技术进步没有显著影响。Herzer（2012）测算了 44 个发展中国家的全要素生产率，认为对外投资并没有显著提升价值链地位。王玉燕等（2014）认为技术进步与全球价值链参与之间存在倒 U 形的关系。梁中云（2017）的研究认为，相比发达国家，新兴国家对外投资对价值链地位的影响更为显著。郑丹青（2019）的研究认为价值链效应由于对外投资的类型不同而存在差异，投资发达国家会带来更高的升级效应。

2.3　国内外研究述评

对外投资是经济学、管理学、地理学、政治学等相关学科的关注对象，许多学者基于粮食安全、发展外溢、地缘政治等研究视角（Hofman et al.，2012；赵立军等，2017），采用文献述评、案例分析等研究方法丰富了对中国农业对外投资的相关研究（程国强等，2014；Jiang et al.，2019），主要集中在对农业企业"走出去"的现状、问题和对策分析，对农业企业对外投资的动因、区位选择、进入模式及影响因素等存在一些定量研究，论证了区位选择的影响因素及其对海外投资效果的决定作用，为研究中国农业对外投资布局问题提供一定参考和借鉴，但尚未形成系统的理论。相关研究还存在以下几方面不足：

从研究内容看，国内外关于对外直接投资的研究较多，但以服务业和制造业为主，针对农业领域的相关研究较少。事实上，由于农业生产依赖自然条件以及农产品的易腐等特性，与制造业和服务业相比，农业领域对外投资的布局规律可能存在一定的差异，农业领域对外投资区位选择的影响因素可能更为复杂，有待进一步探究。

从研究视角看，既有研究主要从粮食安全、发展外溢、地缘政治等视角切入，研究农业对外投资区位选择的决定因素及其对海外投资效果的决定作用。在全球经贸环境日趋复杂、地缘政治竞争加剧的背景下，在理论层面，对于是否可以通过农业对外投资提高全球农业价值链地位，针对不同类型的东道国、不同投资环节实现路径的异质性都缺少相关的理论和机制研究。在实证层面，引导企业优化投资区位决策，推动企业利用好当地资源并提升自身所处的价值链地位，减少投资农业价值链各环节的过程中面临的各种不确定性和风险因素，进而提高对全球农业价值链掌控能力、保障国家粮食安全，仍缺乏相对扎实的统计分析与案例支持。

从研究方法看，当前全球价值链地位的测算方法和指标主要针对制造业，WIOD数据库、TiVA数据库都有相关行业细分数据，为有关制造业全球价值链地位测算打下了坚实的基础。但农业领域相关统计数据缺少更为细致的划分，因此，研究人员普遍选择出口技术复杂度指数测度全球农业价值链地位，如马述忠等（2016）、孙延红等（2020）。在农业对外投资布局方面，尽管已有一些定量研究，但大多聚焦国家层面，如东道国投资环境、投资风险评估方面，受农业对外投资行为保密等多种因素影响，想要做严谨的计量分析较为困难，当前尚缺乏系统细致的定量研究。

　　针对现有研究的不足，本书引入价值链研究视角，从投资布局问题切入，深入分析中国农业对外投资的格局特征与形成机制，测度中国在全球农业价值链中的参与程度和分工地位，研究对于不同环节、不同类型的东道国通过农业对外投资促进全球价值链地位提高的可行性和升级路径，重点探讨中国农业对外投资区位选择的影响因素，尝试探索针对价值链不同环节的适宜投资区位，并结合定量和定性研究结果提出通过优化中国农业对外投资全球布局提高价值链地位的政策建议，为优化利用国际市场与全球资源，加强对全球农业价值链的掌控提供参考。

第3章 农业对外投资布局促进母国价值链升级的理论机制分析与实证检验

本章首先对主流的对外直接投资理论和价值链理论进行解读，提炼对外直接投资理论中的区位思想，并将价值链升级模式与对外直接投资理论结合，研究发展中国家农业对外投资布局促进价值链地位提升的理论机制，为发展中国家合理利用农业对外投资布局提升价值链地位提供理论支撑。

3.1 相关理论

3.1.1 对外直接投资理论

Hymer（1960）的垄断优势理论认为，垄断地位是跨国公司的核心竞争地位，市场不充分导致跨国公司进行外部直接融资。提出的垄断优势理论解释了跨国公司为什么能够与当地企业竞争并长期发展下去。Hymer 认为，有比较优势的企业才会选择开展对外投资。该理论既能够解释跨国公司的横向投资行为——发挥垄断优势，也能够解释跨国公司的纵向投资行为——将部分劳动密集型工序转移到东道国。但垄断优势理论依据的是 20 世纪 60 年代初美国企业对西欧投资的统计资料，由于缺少普遍意义，所以无法解释 60 年代后期以来在我国逐步出现的跨国公司融资现状。Knickerbocker（1973）更进一步拓展了垄断优势学说，并提出了寡占反应学说，该理论认为，寡头公司的一切行为都会被其他公司所模仿，力求减少风险、缩小差距。而垄断公司模仿了领头企业，是影响国际投资的最主要因素。

国际产品生命周期论（Vernon，1966）和边际产业扩张理论（Kojima，1978）是国际贸易理论学派的代表。Vernon 的理论认为，国际投资有赖于投资国的特定资源和东道国的区域资源，如投资国先进的技术、东道国的劳动力成本以及当地市场。该理论揭示了对外投资的基础和动因，考察了比较优势的动态转移过程。Kojima 的边际产业扩张理论指出，对外投资主要是投资国刚刚开始处在或正在陷入比较劣势的投资领域，即按边际产品大小顺序展开。边际产业增长模型最适合 20 世纪六七十年代日本海外投资的具体现状，可以很好地说明日本公司海外资本的行为。尽管如此，它还是无法解释发展中国家对外投资。

以 Buckley（1976）、Rugman 等（1987）为代表的内部化理论用交易成本概念解释跨国企业的对外投资行为，认为市场不完全、获得内部化利益是企业对外投资的动因。若企业建立内部市场，协调内部资源配置，则可替代外部市场交易科技和知识等中间产品，减少市场不充分对公司运营效果的负面影响，实现企业利润最大化。其后果是公司用内部机制取代了外部市场机制，因而减少了交易成本。内部化理论是国际投资理论研究的重要转折，不再仅以发达国家企业为研究对象。因为内部化学说不同程度地涵盖了其他学说，所以能理解大部分对外投资的动因。

国际生产折衷理论提出，所有权优势、内部化优势和区位优势是影响企业对外投资的重要因素，Dunning（1988）认为，区位优势决定着国际投资流向，包括资源、市场分布、投入品价格、运输成本、投资优惠、基础设施、文化政治差异、政府战略以及经济体制等。国际生产折衷理论吸收了既有国际投资理论的精髓，综合考虑了国际贸易、对外投资、区位选择等方面，确定了绝对优势的作用，突出了比较优势对国际投资的诱发影响。

20 世纪 70 年代后期，发展中国家对外投资逐渐兴起，产生了许多有代表性的理论。Dunning（1981）的投资发展周期论认为，一国是否开展对外投资以及对外投资的规模与该国经济发展水平正相关。他将一国对外投资历程划分为没有投资、外商投资流入、开始对外投资以及大规模开展对外投资四个阶段。投资发展周期论一定意义上体现了国际投资的规律性，即一国发展能力愈强，越会开展对外投资，但单纯以人均国民生产总值指标说明对外投资规律特征存在一定不足。

Louis（1983）的小规模产品研究认为，发达国家中小企业对外投资的优点就是掌握小型制造工艺、贴近客户和产品价低，而廉价优势成为发达国家中小企业海外投资的重要竞争优势，这同母国的企业性质密切相关。该原理对研究当时国民经济发达程度相对低下的我国中小企业怎样在发展初期阶段参加国际竞争很有帮助，但该原理并无法解释如今发展中国家对发达国家对外直接投资规模逐年增长的实际情况，更无法解释当时我国高新科技产品的对外投资情况。

Lall（1983）所提出的企业科技地方化论指出，虽然在我国的跨国企业科技规模较小且多是劳动密集型科技，但却涵盖了企业内在的技术创新活动。不同于 Louis 的小规模国家技术创新学说，该学说更重视在相关技术创新之后的再生过程，即欠发达国家并没有简单地效仿和重复外来技术创新，只是经过长期对高新技术的引进、消化和创新激发出新的竞争优势。

Cantwell 在 1989 年提出了技术创新产业升级学说，指出了我国企业的海外融资受国内外科技创新环境与产业结构变化的共同作用。从企业海外投资的区位特点来看，受"心理距离"限制，我国企业的海外项目必须遵从如下规则：先是利用种族联系在附近邻国融资，然后随着成功经验的累积，公司逐渐向其他发达地区扩大投资。最后，由于工业化程度的日益增加，随着企业产业结构的改变，逐渐进行高科技领域的生产活动，以便掌握更高级的科学技术并开展向发达地区投资。该理论很好地解释了 1980 年以来发展中国家的投资发展规律。

3.1.2　全球价值链相关理论

（1）全球价值链升级理论。企业价值链提升是指公司通过组织价值链，获取客户联系和科技进步，进而提高竞争力，获得更高的附加值。Kaplinsky（2000）认为升级即更高效地生产产品、生产质量更好的产品或者从事需要更高技术的活动。在此基础上，Humphrey 等（2000）提出了四种产业升级的模式，即工艺流程升级、产品升级、功能升级、全链条升级（表 3－1）。价值链提升阶段普遍顺应着工艺提升、产品升级、服务提升再到整个链条提升的基本规律（Kaplinsky et al.，2002）。但需强调的是，这一升级轨迹并非不可改变。此外，随着价值链升级的不断深化，两端环节参与度逐渐提高，实体活动环节参与度降低，这会造成产业空心化程度不断提高（陈柳钦，2009）。

表 3－1　全球价值链的升级模式及其含义

升级模式	具体含义
工艺流程升级	革新生产系统或者使用新科技，提高生产效率
产品升级	开发新产品或者比竞争者更好地改进旧产品，利用个人和价值链的连接或者各个价值链链条间的关系改变新产品发展过程
功能升级	重组价值链环节以提高产品附加值，或者从事不同环节的业务
链条升级	以企业在原价值链上的知识和能力为基础，从一个价值链跨向另一个具有更大价值的价值链

（2）全球生产网络。20 世纪 80 年代开始，随着经济全球化的逐步深入，以跨国公司领导的世界最大生产集团逐步建立，给原有的全球生产分配和国际贸易理论带来了全新冲击（苗长虹等，2011）。21 世纪以来，以 Peter Dicken 为代表的英国经济地理学者通过全球产品链和价值链框架，形成了世界经济产品网络理论，并建立了曼彻斯特学派，在全球经济地理界形成了巨大影响。全球生产网主张以价值、权利与嵌入为核心内容，探究了价值怎样被创造、提高与捕获，以及权利在全球生产网中怎样被创造与维持，以及行为主体如何嵌入地方。其框架充分考虑了人类世界发展的多层面、多空间维度和多元行为者之间的网络结构特征（贺灿飞等，2014），并在政治、社会主义、经济管理等多个专业方向形成了重要反映。

国际生产网络理论借鉴并汲取了马克思主义经济地理学以下几方面内容：一是对价值链的战略管理研究。Porter 所提出的国际价值链战略分析着眼于生产价值的创新、提炼与捕获，不但分析了生产制造活动，还关注了运输、金融服务等有关的业务活动。二是对网络、嵌入和社会关系转向的研究。Hess（2004）所指出的社会、区域和网络三种嵌入分类，形成了社区经济活动的时间背景。后福特主义生产方式，使个人、公司和组织间的社会联系不断加强，从而形成了以区域和地方发展中的社会行动者、资产、公司和组织间的社会关系嵌入性、关系尺度为核心的理论（Yeung，2005）。三是社会行动者-网络理论。作为"关系转向"的产物（Phelps et al.，2004），全球生产网络理论建构也受到了行动者-网络理论的影响。该学说由法国的巴黎学派所提倡，把国际社会视为由各类行动者之间彼此嵌入、协同发展所形成的社会网络（苗长虹等，2011）。四是全球商品链以及全球价值链等的研究。以 Gereffi（2001）教授为代表的研究者，把大企业的全球分工和价值链研究与跨国公司的全新企业形态研究有机融合在一起，特别注重权力问题，并由此划分了二个主要价值链形式，即制造商驱动型和消费者驱动型，分析了全球商品链和全球价值链框架（贺灿飞等，2014），为全球生产网络理论奠定了基础。

近年来，Yeung 等（2015）重新检视了关于全球价值链和全球生产网络的争论，重构了具有一般性的全球生产网络理论，用以说明全球生产网络的动态发展。该理论指出，全球生产网络由经济和非经济行动者共同参与，并通过领先企业组织协调，在世界区域内进行产品生产与业务配置。该理论的四个主要解释变量是市场发展动机、效率-功能比例、风险环境和资金约束因素，从经济行动人角度分析了通过企业内协同、企业间协同、企业间控制和非企业之间博弈的四种经济行动人战略，以及作用于世界区域发展的过程实践（图 3-1）。作为全球生产网络理论的最新进展，该理论最突出的贡献是建立了更为动态的国际生产网络架构，将市场风险环境与竞争动力理论化，以及将其构成特点和市场行动者战略联系在一起，并分析了国际生产网络的形成过程以及运行机制。

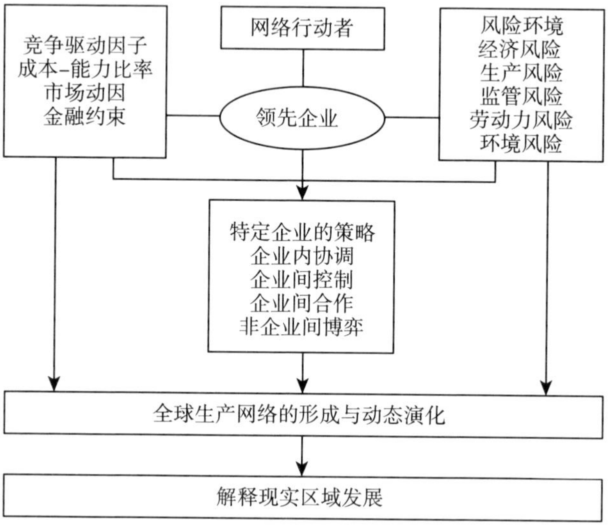

图3-1　全球生产网络动态演化分析框架

注：图片转引自王艳华等，2017。

3.1.3　理论述评

国际主流的直接投资理论一定程度上可以阐释国际资本的流动规律，其中包含了深刻的区位思想（表3-2）。其研究焦点集中在非农领域，而农业投资的风险高、周期长，其布局规律是否符合主流的对外直接投资理论有待研究。虽然这些理论对于农业领域的对外投资布局解释力度不够强，但其中的区位思想对于研究中国农业对外投资区位问题仍值得借鉴。

表3-2　国际直接投资理论中的区位思想

理论	提出者	区位思想
垄断优势理论	Hymer（1960）	跨国公司会根据竞争力来选择投资区位
寡占反应理论	Knicherbocker（1973）	国际投资趋向于流入投资环境不同的市场，趋向于流入具备成熟型金融体系和资本市场的发达国家，趋向于流入具备寡占型金融市场体系的国家

（续）

理论	提出者	区位思想
国际产品生命周期理论	Vernon（1966）	国际直接投资的来源一般是发达国家，然后在条件类似拥有相当区位优势的其他发达国家进行投资，之后再投向发展中国家
边际产业扩张理论	Kojima（1978）	国际直接投资应从投资国与已经处于或正处在比较劣势中的产业，即按边际产业依次进行
内部化理论	Buckley（1976）和 Rugman（1987）	国际直接投资倾向于流向市场不完全的国家
国际生产折衷理论	Dunning（1988）	跨国公司更可能寻找可以充分利用其技术资本以增强其核心竞争力的地区
小规模技术理论	Louis（1983）	发展中国家的跨国公司适合在低收入、小市场国家投资
技术创新产业升级理论	Cantwell（1989）	外商直接投资遵循从周边地区到发展中国家再到发达国家的顺序

国际投资理论是全球价值链理论的基础。在全球价值链理论中，既有发展中国家利用其在低廉的劳动力成本、自然资源方面的绝对优势参与全球价值链分工，也有在所有的产品生产方面都具有绝对优势的国家与其他国家基于比较优势共同参与全球价值链分工。价值链理论强调本地企业通过学习和创新，实现从基于低成本优势的价值链低端环节向基于创新的价值链高端环节的攀升。根据对外直接投资和企业价值链理论，公司在运营活动中要首先确定和塑造自身在价值链中的核心优势，逐渐实现市场的领先地位；然后通过研究公司在外部价值链上的位置，结合东道国的资源禀赋选择适宜的投资区位，提出公司和市场参与者融合的方法，使得企业在农业价值链该环节中处于优势地位。

3.2 农业对外投资布局促进全球价值链升级的作用机理

随着全球经贸形势的复杂多变，企业在全球农业价值链中的分工地位取决于嵌入全球价值链的深度和广度（赵凌云等，2021）。梳理相关理论和文献，本研究认为企业通过农业对外投资区位选择实现价值链升级的主要路径分为三种：一是横向深度嵌入升级，二是纵向延伸嵌入升级，三是价值跃迁式升级，这三种升级模式的目的和最终结果都是实现全球农业价值链地位攀升，如图 3 - 2 所示。

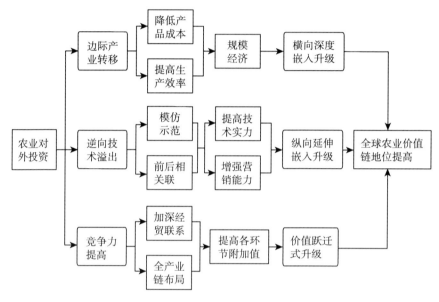

图 3 - 2　农业对外投资促进全球价值链升级机理

对外直接投资作为资本输出的一种手段，可以通过学习机制、收益机制、竞争机制、传输机制等路径将一国快速嵌入到国际生产分工中，是提升母国全球价值链地位的重要途径（孙茜，2021；张晨曦，2021）。尽管农业领域对外投资与全球价值链地位的关系研究较为缺乏，但已有研究表明，制造业、服务业领域的企业对外投资可以明显带动价值链分工的提高（聂飞等，2022；赵彤，2021）。且同工业领域一样，农业价值链也遵循"微笑曲线"理论（樊慧玲，2014）。农业开发设计、农业精深加工、农业营销等环节的商品增加值较高，盈利空间大，而种植、养殖等生产环节的利润空间小，附加值低（图 3 - 3）。

本研究认为，农业对外投资同样能够产生积极效应，通过作用于这三种升级模式并最终实现母国价值链地位提升。据此，提出研究假设 1。

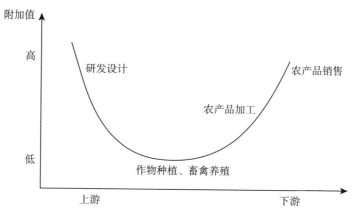

图 3-3　农业产业价值链中的微笑曲线

H1：一国能够通过农业对外投资提高母国在全球农业价值链分工中的地位。

3.2.1　农业对外投资通过边际产业转移促进横向深度嵌入升级

横向深度嵌入升级是首先嵌入全球价值链分工，通过优化生产流程和提升产品质量来增加附加值，即企业通过生产能力提升节约投入要素，降低生产成本，提高产品质量和市场价格，扩大增值空间，实现产品升级。农业对外投资能够通过边际产业转移实现规模经济，使企业横向深度嵌入全球农业价值链生产环节，进而提高价值链分工地位，其升级模式如图 3-4 所示。根据 Kojima（1978）提出的边际产业的概念，指一国倾向于从不具有比较优势的边际产业中实施对外直接投资，由母国把这种处在相对落后状态的产业从本地的经济活动中剥离出或迁移至经济不断成长的东道国中，再把新释放的要素投向具有比较优势的领域或拥有高附加值和高技术产品的产业中，从而优化产业结构，促进经济发展。在此基础上，本研究认为边际产业不仅包括失去比较优势的产业，也包括产能过剩的产业。农业对外投资可通过边际产业转移效应促进横向深度嵌入升级。

横向深度嵌入升级模式主要是通过边际产业转移实现规模经济，使企业生产成本降低，生产效率提高。由于企业转移的是边际产业或处于

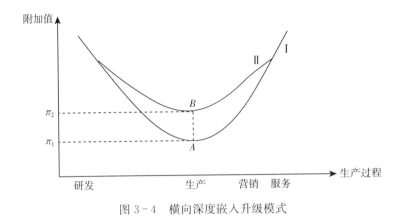

图 3-4　横向深度嵌入升级模式

落后地位的产业，多为资源密集型或劳动力密集型的生产环节，因此企业主要以广大发展中国家为投资对象，作用机理如下：

第一，根据 Kojima（1978）的边际产业转移理论，母国企业在海外进行经营，可以充分利用东道国低成本的劳动力等资源要素，将附加值较低的生产环节或边际产业剥离出来并转移到经济发展水平较低的东道国，优化母国产业结构，减少产品的成本，从而增加收益。第二，母国可将在边际产业转移过程中释放的生产要素进行优化配置，投入本国已有的优势农产品生产中推动其进一步发展，激活相关产业，从而提高母国优势农产品的生产效率，实现产业内与产业间的优化升级。第三，农业对外投资生产环节的东道国大多为迫切需要引进外资的发展中国家，为了更好地承接这些投资，会更加主动地开展基础设施建设以及各种农业相关的合作活动，从一定程度上将本应由海外投资公司与母国负担的费用也实现了分担，降低了母国企业"走出去"的成本。据此，提出研究假设 2。

H2：对发展中国家的农业对外投资可通过边际产业转移提高母国在全球农业价值链中的地位。

3.2.2 农业对外投资通过逆向技术溢出促进纵向延伸嵌入升级

纵向延伸嵌入升级是指在企业积累了一定的资源和能力之后，从农产品生产、初加工等低附加值环节向农产品研发、农机制造、农产品精深加工、农产品营销等高附加值环节转移，完成价值链上下游环节嵌入，实现功能升级。纵向延伸与嵌入升级，导致中国企业由中间附加值低下的制造环节向两端高附加值环节攀升，从全球价值链中获得的附加值提高，国际分工地位提升，升级模式如图 3-5 所示。

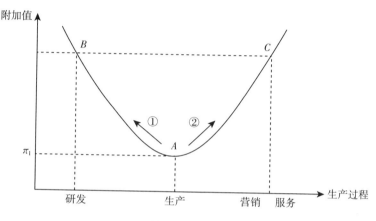

图 3-5　纵向延伸嵌入升级模式

纵向延伸嵌入升级主要通过两种方式进行：一是向上游技术研发环节攀升，提高企业自身技术和研发能力；二是向下游营销环节攀升，提高企业市场营销能力。由于发达国家凭借技术优势和影响网络掌控价值链的两端环节，发展中国家若想向价值链两端环节攀升，则要向发达国家开展农业对外投资。影响机理如下：

第一，模仿示范。据 Cantwell（1989）所提出的技术创新产业升级观点，发展中国家会向发达国家进行投资以获得前沿科技，或通过学习与吸收以获得逆向技术溢出。发展中国家通过对外直接投资与东道国公司合资或与东道国合作设立研发中心，能够直接参与到生产活动中，学习模仿更加便捷，大大降低了信息、技术的获取成本并实现技术的本土化。第二，前后向关联。根据产业关联理论，就前向关联效应而言，母国企业对外直接投资扩大了市场占有率，导致对本国公司上游中间产品需求的提高和同行业的竞争，从而带动了中间产品的输出，倒逼本国上游的关联企业加大研发投入来促进中间品的创新，实现技能偏向性技术进步，提升产品附加值（郑江淮等，2020）。就后向关联效应而言，母国通过对外直接投资开辟了东道国市场，这也对企业的营销水平、品牌形象和营销网络等提出了更高的要求，进而带动公司配套业务效率的提升，并推动公司全球价值链影响力的进一步提升。据此，提出研究假设3。

H3：对发达国家的农业对外投资可通过逆向技术溢出提高母国在全球农业价值链中的地位。

3.2.3　农业对外投资通过提高产业竞争力促进价值跃迁式升级

价值跃迁式升级是指随着农业企业嵌入全球价值链的程度不断加深，新产业、新业态不断涌现，从而产生具有更高整体附加值的新全球价值链，并将引导原已嵌入该价值链体系的中国农产品公司，重新嵌入新价值链的相关组成部分，进而完成价值链的全面升级。农业对外投资促进价值跃迁式升级是母国通过加深与各国的经贸联系、加强全产业链布局，从而在全球范围内实现农产品产供销一体化，提高母国农业产业竞争力，价值跃迁式升级模式如图3-6所示。

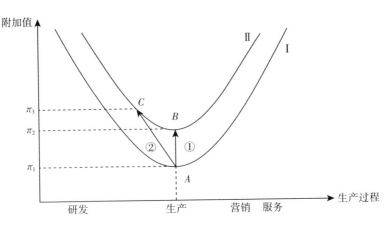

图3-6　价值跃迁式升级模式

对于参加全球价值链的企业来说，不同农产品的全球价值链附加值存在差异，企业可以全产业链布局，将参与前一价值链获得的技术和资源加以整合，用于具有更高附加价值的其他农产品价值链中，同样可以实现全球价值链的升级。价值跃迁式升级模式应用于企业开发不同类型农产品的价值链条，能否实现价值跃迁式升级取决于企业是否成功涉猎新的产品类别以及自身的实力。因此，无论向发达国家还是向发展中国家的农业对外投资均有机会提高产品和产业竞争力，实现价值跃迁式升级，升级机理如下：

一是加深经贸联系。母国可以通过农业对外投资与各东道国建立紧密的经贸联系和信任关系，把一些高附加值的中间商品贸易项目转移至本国外贸系统内，并提供比较完善的技术装备和服务给处于价值链低端的国家，更好地实现产业配套，促进双方协同发展，形成企业间专业化分工（邵汉华等，2019）。二是全产业链布局。通过对外直接投资，可以在东道国构建低成本且便捷的投资网络，建立一系列服务于投资发展的设施，从而改变投资流动的方向和强度，增强国际分销能力，将国际投资与自身更好地绑定在一起，从而减少由于某些国家对重要原料或中间品所设定的贸易壁垒，使得本国相关行业陷入"卡脖子"风险，增强母国农业产业竞争力，进而提升本国全球价值链地位。据此，提出研究假设 4。

H4：农业对外投资可通过增强产业竞争力提高母国在全球农业价值链中的地位。

3.3　农业对外投资布局促进全球价值链升级的理论机制检验

3.3.1　模型设定与变量说明

基于上文一国通过农业对外投资布局促进价值链升级的三种路径的理论分析，下文将定量研究一国能否通过农业对外投资实现这三种升级模式并提高全球农业价值链地位。本章运用固定效应模型研究发展中国家农业对外投资对母国全球农业价值链地位的影响机制，采取 Baron 等（1986）的逐步回归方法进行中介效应检验，并采用 Preacher 等（2007）计算的 Bootstrap 逼近系数乘积统计量检验中介变量的显著性。

根据上文理论机制分析，首先需检验农业对外投资对母国全球农业价值链分工地位的影响，构建国家层面的基准计量回归模型：

$$\ln GVC_{it} = \lambda_0 + \lambda_1 \ln AFDI + \lambda_2 X_{it} + \mu_i + \varepsilon_{it} \qquad (3-1)$$

其中，i 表示国家，t 表示年份，GVC 代表全球价值链地位，$AFDI$ 代表一国农业对外投资额，X 代表一系列控制变量，包括农业资源禀赋、农业产业规模、农产品进口依存度、贸易自由化程度。依照世界银行对于发达国家和发展中国家的评判标准，本章以 fDi Markets 数据库中开展农业对外投资的共 80 个发展中国家整体作为研究对象。

在实证检验了发展中国家农业对外投资与母国全球农业价值链地位关系的基础上，根据上文的理论机制分析，引入中介变量进一步探究一国农业对外投资对其全球农业价值链地位的影响机制，即农业对外投资是否通过边际产业转移、逆向技术溢出和提高产业竞争力来影响全球价值链地位。构建如下中介效应模型：

$$\ln Mediary_{it} = \alpha_0 + \alpha_1 \ln AFDI_{it} + \alpha_2 X_{it} + \mu_i + \varepsilon_{it} \qquad (3-2)$$

$$\ln GVC_{it} = \beta_0 + \beta_1 \ln AFDI + \beta_2 \ln Mediary_{it} + \beta_3 X_{it} + \mu_i + \varepsilon_{it}$$

$$(3-3)$$

其中，$Mediary$ 代表中介变量农业生产规模（APS）、农业技术水平（ATL）和农产品附加值（APAV），其他符号含义与基准模型相同。具体指标如下：

被解释变量采用全球农业价值链地位（GVC）。本章采用 Hausmann 等（2007）构建的用来测度出口贸易品中技术含量的出口技术复杂度指数（Expy）衡量一国在全球农业价值链中的分工地位。

基于前文的文献分析可知，反映农业价值链地位的主要有基于增加值贸易、出口结构相似性和出口技术复杂度等核算方法，本章借鉴 Hausmann 等人于 2007 年构建的用来测度出口贸易品中技术含量的出口技术复杂度指数（Expy）。Michaely 于 1984 年率先提出了出口技术复杂度的概念，出口技术复杂度指在假定具有相对优势的情况下，劳动生产率是评价一个企业技术水平的最好标准。由于劳动生产率和收入成正相关，所以在人均收入越高的发展中国家更偏向于制造技术含量越高的产品。尽管产出的复杂度指标是基于人均收入加权得到的，本身也有许多缺点和可改进之处（倪红福，2017），但该指数的测算不需要具体的产业和产品层面的研发投入数据，因此在全球价值链地位测算中被研究人员广泛使用，特别是相关数据难以获取的农业领域，如孙延红等（2020）、马述忠等（2016）均通过农业出口的技术复杂度指标衡量一国在世界农业价值链中的地位。相比于其他有关全球价值链的衡量指数，出口产品复杂度指标可以更有效地反映科技进步对国际价值链提升的重大影响。从本质看，出口技术复杂度指数代表着一个国家、区域、业务、产品的国际竞争力（伍先福，2019）。由于国际竞争力和价值增值率正相关，即价值增值率越高，说明全球价值链地位越高。所以，选择出口技术复杂度指标作为全球价值链地位的代理变量，具有一定的科学性。

计算各国农业出口技术复杂度指数，首先要计算所有单个出口农产品的技术复杂度指数。Hausmann（2007）认为，某一产品所有出口国人均收入的加权平均值越高，该产品的出口技术复杂度就越高。单个农产品出口技术复杂度的测算公式如下：

$$PRODY_i = \sum_j \frac{x_{ij}/x_j}{\sum_j (x_{ij}/x_j)} Y_j \qquad (3-4)$$

将一国所有出口农产品的技术复杂度按该农产品在该国所有农产品出口总额中的份额为权重，加权平均后可得到国家层面的农产品出口技术复杂度指数，计算公式如下：

$$Expy_j = \sum_i \frac{x_{ij}}{x_j} PRODY_i \qquad (3-5)$$

其中，$PRODY_i$ 为农产品 i 的出口技术复杂度，x_{ij} 为 j 国农产品 i 的出口额，x_j 为 j 国所有农产品的出口总额，Y_j 为 j 国的人均 GDP，$Expy_j$ 为国家 j 的出口技术复杂度。

解释变量采用农业对外投资（AFDI）。选用各国农业对外投资额数据作为核心解释变量。为进一步分析发展中国家对发达国家和其他发展中国家的农业对外投资分别通过何种机制促进价值链分工地位提升，在中介效应模型中，将农业对外投资额细分为对发达国家投资额和对发展中国家投资额。

中介变量采用农业生产规模（APS）、农业技术水平（ATL）和农产品附加值（APAV）。

（1）农业生产规模（APS）：采用作物生产指数衡量一国农业生产规模的变化。根据 Kojima（1978）的边际产业转移理论，一般而言，一国通过农业对外投资将生产环节向欠发达国家转移，充分利用东道国的土地、劳动力等资源，降低母国生产成本并形成规模经济，促进母国在价值链中的地位攀升。对于如何衡量一国农业生产环节的规模变化，可供参考的指标较少，农业的生产环节除作物种植外，还包括畜禽养殖等。但根据 fDi Markets 数据库统计，在 2003—2018 年全球共计 7 146 宗投资项目中，涉及农作物对外投资的项目共 5 187 宗，占比 72.59%，农作物投资金额占全球农业对外投资总额的 70.38%。由此可见，在农业对外投资农产品中，粮食和经济等作物占较大比重，采用作物生产指数具有合理性。

（2）农业技术水平（ATL）：采用谷类单产衡量一国的农业技术水平。对发达国家的农业对外投资将产生逆向技术溢出效应，促进母国技术水平的提高并逐渐嵌入全球价值链两端环节。一些企业选择发达国家投资，以跟踪国际先进技术，提高农产品的技术含量（Jarrett et al.，2015）。现有研究大多选取农业全要素生产率作为衡量农业技术水平的指标，并采用索洛余值计算全要素生产率。但计算农业全要素生产率对数据要求较高，需要各国产出、资本存量、劳动力等方面的数据，还涉及农业固定资产的折旧等。本书研究主体是发展中国家，受发展中国家经济发展水平和统计能力等方面的限制，欠发达国家尤其是非洲等国家基本没有做如此细致的统计，想要准确测度各国的全要素生产率存在一定困难（吕桢亚，2020）。因此，借鉴 Jiang 等（2020）的研究，选择谷类单产作为衡量一国农业技术水平的指标。

（3）农产品附加值（$APAV$）：采用农业工人人均增加值指标衡量一国农产品附加值的高低。农产品附加值越高，代表生产该农产品所获得的利润和农业工人的人均增加值越高，母国通过优势农产品的全产业链布局，促进农产品各环节附加值的提高，最终实现价值链全链条升级。

控制变量选取农业资源禀赋（RE）、农业出口规模（ES）、农产品进口依存度（ID）、贸易自由度（TF）作为控制变量。

（1）农业资源禀赋。按照传统贸易和投资理论，要素禀赋特征是影响一国比较优势的重要方面，对于大多数发展中国家来说，首先是利用资源优势嵌入全球农业价值链的生产环节（牛银舟，2019）。采用人均耕地衡量一国农业资源禀赋。

（2）农业出口规模。一国的农产品出口规模在一定程度上反映了该国的农业竞争力，出口规模的扩大将有助于推动一国在全球范围内的价值链布局（熊彬等，2020），大部分发展中国家在初期阶段正是通过农产品进出口参与全球农业价值链。采用农产品出口值与农产品产值之比衡量一国农业产业规模。

（3）农产品进口依存度。农产品进口依赖型国家往往国内农业资源短缺或生产能力不高，国内农产品产量不足，在遇到自然灾害等突发事件时农产品供应链将更加脆弱，关键农产品供应受到主要粮食出口国设置的贸易壁垒等的影响（姜小鱼等，2021）。采用谷物进口依存度指标代表一国农产品进口依存度。

（4）贸易自由度。贸易关税往往与一国的经济自由化程度和开放程度挂钩，贸易自由化程度高的国家不仅可以缩小出口成本，也有利于该国学习和吸收其他国家的技术和管理经验，提高农业生产力水平和农产品竞争力（孙延红等，2020）。采用贸易关税衡量一国贸易自由度。

本章使用的数据是全球 80 个发展中国家 2003—2018 年的国家层面数据，各变量具体含义及数据来源参见表 3-3。

表 3－3　变量选择与数据来源

分类	变量	符号	指标	数据来源
被解释变量	全球农业价值链地位	GVC	农业出口技术复杂度指数	UNCTAD 数据库
解释变量	农业对外投资	$AFDI_1$	向发展中国家农业对外投资额	fDi Markets 数据库
		$AFDI_2$	向发达国家农业对外投资额	
		$AFDI_3$	农业对外投资总额	
中介变量	农业生产规模	APS	作物生产指数	世界银行
	农业技术水平	ATL	谷类单产	世界银行
	农产品附加值	$APAV$	农业工人人均增加值	世界银行
控制变量	农业资源禀赋	RE	人均耕地	世界银行
	农业出口规模	ES	农产品出口值/农产品产值	FAO
	农产品进口依存度	ID	谷物进口依存度	FAO
	贸易自由度	TF	贸易关税	全球竞争力报告

3.3.2　实证结果与分析

本章使用 Stata15 进行模型回归，变量描述性分析结果如表 3－4 所示。为降低异方差性，将被解释变量、解释变量和中介变量均取对数。

表 3－4　变量描述性分析结果

变量名称	平均数	标准差	最小值	最大值
$\ln GVC$	9.877 8	0.185 3	9.294 8	10.543 3
$\ln AFDI_1$	1.208 3	1.973 9	0	8.594 3
$\ln AFDI_2$	0.424 1	1.214 4	0	6.352 5
$\ln AFDI_3$	1.372 1	2.064 8	0	8.594 3
$\ln APS$	4.510 1	0.211 4	3.580 5	5.294 1
$\ln ATL$	7.978 9	0.675 6	5.172 2	10.512 2
$\ln APAV$	8.521 1	1.189 0	5.591 5	14.824 9
RE	0.230 7	0.266 5	0.001 0	1.901 1
ES	0.666 7	1.693 4	0	27.380 6
ID	19.486 9	64.170 9	-342.5	100
TF	7.093 8	6.163 1	0	55.8

基准模型回归结果表明，农业对外投资能够显著促进发展中国家全

球价值链地位的提升（表 3-5）。模型（1）显示了发展中国家向其他发展中国家开展农业对外投资对母国在全球农业价值链中的地位的影响，系数估计值为 0.005 3，且在 1%的水平上显著，说明向发展中国家投资每增加 1%，母国全球农业价值链地位将提升 0.005 3%。模型（2）为发展中国家向发达国家开展农业对外投资对母国在全球农业价值链中的地位的影响，系数估计值为 0.007 8，且在 5%的水平上显著，说明向发达国家投资每增加 1%，母国全球农业价值链地位将提升 0.007 8%。模型（3）为发展中国家向全球各国开展农业对外投资对母国在全球农业价值链中的地位的影响，系数估计值为 0.006 2，且在 1%的水平上显著，说明农业对外投资每增加 1%，母国在全球农业价值链中的地位将提升 0.006 2%。可见，无论是向发达国家投资还是向发展中国家投资都能够提高母国在全球农业价值链中的地位，且向发达国家投资的促进作用更加明显。发展中国家农业对外投资能够促进母国在全球农业价值链中的地位提高的研究假设 1 得到证实。

表 3-5 基准模型回归结果

解释变量	lnGVC		
	(1)	(2)	(3)
$\ln AFDI_1$	0.005 3***		
	(0.001 9)		
$\ln AFDI_2$		0.007 8**	
		(0.003 1)	
$\ln AFDI_3$			0.006 2***
			(0.001 9)
RE	−0.761 8***	−0.739 2***	−0.755 0***
	(0.112 5)	(0.113 0)	(0.112 4)
ES	0.032 2***	0.032 0***	0.031 9***
	(0.007 9)	(0.007 9)	(0.007 9)
ID	−0.001 0***	−0.001 0***	−0.001 0***
	(0.000 1)	(0.000 1)	(0.000 1)

（续）

解释变量	lnGVC		
	(1)	(2)	(3)
TF	−0.000 1	−0.000 1	−0.000 1
	(0.000 8)	(0.000 8)	(0.000 8)
常数项	10.041 8***	10.040 2***	10.037 8***
	(0.129 8)	(0.029 9)	(0.029 9)
样本	1 056	1 056	1 056

注：***、**、*分别表示在1%、5%、10%的统计水平上显著，括号内的数值为标准差。

从控制变量看，农业资源禀赋的估计系数显著为负，原因可能是对于发展中国家来说，国内耕地资源越有限，越具备开展农产品贸易和农业对外投资以保障国内粮食安全的动机，也会越主动地参与到全球农业价值链中。农业出口规模的估计系数显著为正，说明一国农产品出口规模越大，在国际市场上越具备话语权并获得更高的农产品附加值。农产品进口依存度的估计系数显著为负，农产品进口依赖型国家往往国内农业资源短缺或生产能力不高，国内农产品产量不足，在遇到自然灾害等突发事件时农产品供应链将更加脆弱，关键农产品供应受到主要粮食出口国设置的贸易壁垒等的影响。贸易自由度的估计系数为负但不显著，尽管较低的贸易关税意味着一国较高的对外开放程度，但近年来逆全球化思潮兴起，一些国家倾向于保护国内农业产业，导致贸易自由度对全球价值链地位的影响不显著。

从影响机制看，农业对外投资会通过边际产业转移、逆向技术溢出和提高竞争力的方式促进国内生产规模的扩大，农业技术的改进和农业增加值的提高，并进一步影响全球农业价值链分工地位（表3-6）。模型（4）、（6）、（8）中农业对外投资的回归系数显著为正，表明向发展中国家开展农业对外投资会促进母国农业生产规模的扩大，向发达国家开展农业对外投资会促进母国农业技术水平的提升，而农业对外投资整体会促进母国人均农业增加值的提高。模型（5）、（7）、（9）分别加入农业生产规模、农业技术水平和农业工人人均增加值变量后，核心解释变量的系数仍显著为正，中介变量的系数均在 1‰ 的水平上显著为正，说明三种中介作用均显著。因此，农业对外投资通过生产规模扩大、技术进步和农业增加值提高促进母国在全球农业价值链中的地位升级的机制成立，研究假设 2、3、4 得到证实。

表 3-6　农业对外投资促进母国全球农业价值链地位提高的中介效应检验

变量	中介变量:农业生产规模		中介变量:农业技术水平		中介变量:农业工人人均增加值	
	因变量 $\ln APS$	因变量 $\ln GVC$	因变量 $\ln ATL$	因变量 $\ln GVC$	因变量 $\ln APAV$	因变量 $\ln GVC$
	(4)	(5)	(6)	(7)	(8)	(9)
$\ln AFDI_1$	0.010 3***	0.003 1*				
	(0.003 3)	(0.001 8)				
$\ln AFDI_2$			0.012 6*	0.006 5**		
			(0.006 5)	(0.003 0)		
$\ln AFDI_3$					0.016 7***	0.003 4**
					(0.004 8)	(0.001 8)
$Mediary$		0.215 4***		0.107 5***		0.167 2***
		(0.017 0)		(0.014 6)		(0.011 6)
RE	−0.360 0*	−0.684 3***	−0.642 2***	−0.670 2***	−0.818 2***	−0.618 2***
	(0.195 6)	(0.104 5)	(0.240 7)	(0.110 4)	(0.281 6)	(0.102 5)
ES	0.003 8	0.031 4***	0.022 2	0.029 6***	0.004 5	0.031 1***
	(0.013 8)	(0.007 4)	(0.016 9)	(0.007 7)	(0.019 9)	(0.007 2)
ID	−0.002 3***	−0.000 5***	−0.002 1***	−0.000 7***	−0.002 6***	−0.000 5***
	(0.000 2)	(0.000 1)	(0.000 3)	(0.000 1)	(0.000 3)	(0.000 1)
TF	−0.003 9***	0.000 8	−0.003 8**	0.000 3	−0.002 3	0.000 4
	(0.001 4)	(0.000 8)	(0.001 7)	(0.000 8)	(0.002 0)	(0.000 7)
常数项	4.630 6***	9.044 2***	8.165 9***	9.162 2***	9.701 9***	8.583 2***
	(0.051 8)	(0.083 5)	(0.063 8)	(0.122 4)	(0.074 9)	(0.104 1)
样本	1 056	1 056	1 056	1 056	1 056	1 056

注：***、**、* 分别表示在 1%、5%、10% 的统计水平上显著，括号内的数值为标准差。

3.3.3　内生性与稳健性检验

鉴于模型可能存在的内生性问题，即农业对外投资会影响一国农业价值链分工地位，反之，全球农业价值链地位的提升又会反向影响一国全球农业对外投资布局。为使实证结论更稳健，选取农业对外投资额变量的一阶和二阶滞后项作为联合工具变量，采用两步 GMM 估计法对研究结论进行重新检验，结果如表 3-7 所示，无论是对发达国家还是发展中国家的农业对外投资，都会显著促进母国在全球农业价值链中的地位的提高，再次验证了研究假设 1。

表 3-7　两步 GMM 估计结果

解释变量	lnGVC		
	（10）	（11）	（12）
ln$AFDI_1$	0.020 3***		
	(0.004 6)		
ln$AFDI_2$		0.022 8***	
		(0.006 6)	
ln$AFDI_3$			0.020 7***
			(0.004 1)
RE	0.081 4***	0.081 2***	0.085 5***
	(0.024 4)	(0.024 5)	(0.024 3)
ES	0.045 2***	0.044 3***	0.045 9***
	(0.005 1)	(0.005 1)	(0.005 1)
ID	0.000 0	0.000 0	0.000 1
	(0.000 1)	(0.000 1)	(0.000 1)
TF	−0.005 7***	−0.006 3***	−0.005 5***
	(0.000 9)	(0.000 9)	(0.000 9)
常数项	9.846 1***	9.868 7***	9.839 2***
	(0.014 6)	(0.012 4)	(0.014 7)
Wald	181.300***	229.904***	228.019***
	(0.000 0)	(0.000 0)	(0.000 0)
Sargan	0.550 4	0.309 5	0.939 9
样本	924	924	924

注：***、**、*分别表示在 1%、5%、10%的统计水平上显著，括号内的数值为标准差。

应用 Bootstrap 检测实验结果的稳健性,对比其他中介效应检验法,Bootstrap 具备如下优点。一方面,由于 Bootstrap 并不要求正态分布,因此可以解决系数乘积验证法不能满足正态分布的假定等情况(温忠麟等,2014)。另一方面,Bootstrap 可直接检测中介关系的显著性,能够合理地补充逐步回归法只能分析连续型因变量的缺陷(陈瑞等,2013)。此外,Bootstrap 检验结果不依赖理论标准误,也可避免因标准误计算方式不同导致结果不一致等问题(Hayes,2018)。本章通过在一个原始样品中反复取样了一千多次,并估计 95% 的置信范围后,所提取的新样本数量与原始样本数量相同,得出 Bootstrap 样本,用以考察中介作用的可靠性。结果如表 3-8 所示,农业产出规模、种植业生产技术水平、农业工人平均增加值等的中介效应,所对应的 95% 置信区间都不为零,说明中介效应存在,再次验证了研究假设 2、3、4 成立。

表 3-8 Bootstrap 中介效应检验结果

效应	lnAPS		lnATL		lnAPAV	
	估计值	置信区间	估计值	置信区间	估计值	置信区间
Dir-Eff	0.006 7*** (0.002 1)	[0.002 6, 0.010 8]	0.007 5** (0.003 0)	[0.001 5, 0.013 2]	0.006 9*** (0.001 9)	[0.003 2, 0.010 7]
Ind-Eff	0.002 8*** (0.000 6)	[0.001 6, 0.004 1]	0.002 3*** (0.000 7)	[0.001 1, 0.003 8]	0.003 2*** (0.000 9)	[0.001 5, 0.005 0]
Tot-Eff	0.009 5		0.009 8		0.010 1	

注:***、**、* 分别表示在 1%、5%、10%的统计水平上显著,括号内的数值为标准差。

3.4 本章小结

本章在分析国际主流对外直接投资理论和价值链理论基础上,从理论层面分析了农业对外投资布局促进价值链升级的作用机制,并采用了中介效应模型对影响路径进行检验,为后续的实证研究以及案例分析奠定了理论基础。研究结果表明,无论是向发达国家投资还是向发展中国家投资，都能显著促进母国在全球农业价值链中的分工地位，这与聂飞等（2022）、余海燕等（2020）关于制造业对外投资对全球价值链地位的影响一致，说明农业领域对外直接投资同样会带来与之相关的积极影响。本章进一步发现，农业对外投资能够通过提高产业竞争力的方式带动母国在价值链中地位的提高。对发达国家的农业对外投资能够通过逆向技术溢出效应提高母国的农业技术水平，而向其他发展中国家的农业对外投资则通过边际产业转移效应促进母国农业生产规模的扩张，最终均会提高发展中国家在全球农业价值链中的分工地位。基于研究结果得出，发展中国家应针对农业价值链的不同环节，在全球范围内合理进行投资布局。

第4章 中国农业对外投资布局特征及全球农业价值链地位测算

研究利用农业对外投资布局促进价值链升级，首先需明确中国当前的农业对外投资布局特征以及在全球农业价值链中的分工地位。本章使用农业农村部国际合作司《中国对外农业投资合作分析报告》中的相关数据分析中国农业对外投资规模、产业的地理分布特征以及企业业务类别情况，形成对现有投资区位特征的客观认识，属于现状分析章节。另一方面，从价值链参与度和价值链地位两方面刻画中国参与全球农业价值链的动态演进过程，并注重与发达国家以及新兴国家的对比，为今后探索价值链攀升路径、实现更高水平的农业对外开放提供参考和建议。

4.1 中国农业对外投资布局特征

4.1.1 中国农业对外投资规模的地理分布

从投资规模分布看，中国的农业对外投资主要集中在亚洲和欧洲。根据国家统计数据，就海外企业数量而言，截至 2020 年底，在海外设立的 1 010 家农业企业中，有 567 家位于亚洲，主要集中在老挝、印度尼西亚、缅甸等国家。就投资规模而言，2020 年，中国在亚洲的投资流量和投资存量均超过总投资的 1/3，在六大洲中所占份额最大（表 4 - 1）。因此，中国企业在对外投资过程中，首先考虑的是地缘关系的远近，大多数企业将优先考虑地理位置相邻的国家和地区。这些地区可作为中国企业跨国经营的重要基地，企业可以在一定程度上积累经验，降低投资风险。相比之下，中国在非洲和拉丁美洲等发展中国家的农业投资略显不足，但仍不容忽视。截至 2020 年底，中国在拉美的农业投资存量约为农业对外投资总存量的 7.22%，在非洲的农业投资存量仅占 5.52%。从投资环境看，虽然这些地区资源丰富，但基础设施和农业技术落后且治理不善，企业在这些国家投资的初始成本会更高，除了面临较高的政治、经济和法律风险外，还将承受国际舆论的压力。总体来看，2020年受新冠疫情防控以及全球经济下行压力影响，对外投资流量较 2019年明显下降，对亚洲的农业对外投资缩水明显，但农业对外投资区位分布仍呈现明显集中性。

表 4-1　中国农业对外投资洲际分布情况

投资流量（亿美元）						
年份	亚洲	非洲	南美洲	北美洲	欧洲	大洋洲
2013	4.23	1.73	0.33	0.13	2.39	4.18
2014	10.84	1.59	1.03	0.38	2.61	1.54
2015	25.60	2.10	0.68	0.86	3.50	3.80
2016	17.10	1.80	2.30	0.30	3.30	8.10
2017	7.50	1.50	3.00	0.20	7.10	1.20
2018	7.20	1.30	0.20	0.20	11.20	1.90
2019	61.05	1.55	0.78	0.17	3.66	12.14
2020	10.12	1.80	0.27	0.10	8.04	2.19
投资存量（亿美元）						
年份	亚洲	非洲	南美洲	北美洲	欧洲	大洋洲
2013	14.33	8.44	2.36	0.68	5.71	8.03
2014	29.80	6.90	3.30	1.20	8.90	7.80
2015	64.40	10.30	3.90	2.00	23.30	25.80
2016	87.00	12.70	5.50	2.00	27.50	22.90
2017	64.60	12.70	8.60	2.70	58.40	26.30
2018	75.50	12.30	9.20	2.50	71.30	26.40
2019	135.06	13.94	20.13	3.79	70.33	105.12
2020	149.78	16.69	21.82	3.08	76.05	34.78

注：数据来源于《中国对外农业投资合作分析报告》。

从国家层面上来看，印度尼西亚、瑞士、老挝为我国农业对外投资存量最大的国家，投向这三国的累计投资额达到了147.31亿元，约占全部农业对外投资存量的48.75%（表4-2）。由此可见，近年来，我国农业境外直接投资分布区域不断扩大，且区域分布相对集中的特点依然突出。中国民营企业在选择农业产品海外投资区域时存在着几个共性的行为倾向：一是向周边或邻近国家和区域投资，如印度尼西亚、老挝、缅甸、柬埔寨等，并将其视为公司跨国业务的主要基地，以此积累投资成功经验，在一定程度上减少了投资经营风险；二是向欧洲部分国家投资，如瑞士、新西兰、法国等，一方面，这些国家的制度条件和宏观经济的整体稳定性吸引中国企业的投资，另一方面，中国企业向发达国家投资可以利用技术溢出获得战略资产和管理经验。

表4-2 中国农业对外投资存量前十位的国家（2020年）

排名	国家	投资存量（亿美元）	比重（%）
1	印度尼西亚	70.64	23.38
2	瑞士	55.16	18.25
3	老挝	21.51	7.12
4	澳大利亚	19.45	6.44
5	巴西	18.82	6.23
6	以色列	16.04	5.31
7	新西兰	13.55	4.48
8	缅甸	8.46	2.80
9	法国	7.89	2.61
10	柬埔寨	6.05	2.00

注：表格来源于《中国对外农业投资合作分析报告》。

4.1.2 中国农业对外投资产业的地理分布

从产业类别看，中国农业对外投资行业集中于种植业和畜牧业（表4-3）。根据《中国对外农业投资合作分析报告》数据，2020年中国农业对外投资存量产业分布局部调整，种植业比重持续增加，畜牧业占比减少，农资产业占比显著上升。截至2020年底，我国种植业的对外投资存量已达 179.43 亿美元，约占我国农业对外投资总存量的近六成；畜牧业投资存量为 26.17 亿美元，占比近 9%。中国企业境外种植业投资集中在亚洲和欧洲，其中投向亚洲 90.30 亿美元，占种植业对外投资存量的比例为 50.33%，欧洲 55.34 亿美元，占种植业对外投资存量的比例为 30.84%，主要投向缅甸、老挝、泰国、印度尼西亚、俄罗斯、瑞士等国家，投资开发的粮食作物以玉米、水稻、小麦为主，重点投资作物为天然橡胶、棉花、甘蔗、棕榈油等。畜牧业投资存量 26.17 亿美元，主要集中在大洋洲和欧洲地区，其中，大洋洲 14.11 亿美元，占畜牧业投资存量的比例为 53.92%，主要投向新西兰、澳大利亚等国，欧洲 7.63 亿美元，占畜牧业投资存量的比例为 29.16%，投资开发的畜产品以乳制品和牛羊肉为主。林业投资存量为 14.82 亿美元，其中投向亚洲 13.05 亿美元，占林业投资存量的比例为 88.06%。渔业投资存量 13.17 亿美元，集中在非洲和亚洲，其中非洲 5.93 亿美元，占渔业投资存量的比例为 45.03%，亚洲 3.74 亿美元，占渔业投资存量的比例为 28.40%，主要投向毛里塔尼亚、加纳和摩洛哥等国家，企业主要从事海水捕捞和海水养殖。农资产业投资存量为 9.28 亿美元，其中欧洲 5.70 亿美元，占农资产业投资存量的比例为 61.42%，主要投向瑞士。总体来看，种植业是中国企业进行投资的重点产业，其他产业的投资规模仍有一定差距，中国农业对外投资的产业和区域集中度均较高，对外投资水平有待提高。

表 4-3 2020 年中国农业对外投资产业分布情况

投资流量（亿美元）						
产业类别	亚洲	非洲	南美洲	北美洲	欧洲	大洋洲
种植业	2.42	0.62	0.01	0.00	2.04	0.57
畜牧业	0.57	0.02	0.09	0.01	0.03	0.66
林业	0.42	0.02	0.00	0.04	0.08	0.02
渔业	0.04	0.15	0.06	0.04	0.02	0.23
农资产业	1.99	0.05	0.00	0.00	5.52	0.01
其他产业	4.68	0.94	0.11	0.03	0.35	0.70

（续）

投资存量（亿美元）					
产业类别	亚洲	非洲	南美洲	北美洲	欧洲	大洋洲
种植业	90.30	5.38	18.38	0.44	55.34	9.59
畜牧业	3.63	0.35	0.27	0.18	7.63	14.11
林业	13.05	0.36	0.29	0.45	0.45	0.22
渔业	3.74	5.93	0.97	0.21	0.87	1.45
农资产业	2.65	0.71	0.03	0.01	5.70	0.18
其他产业	36.41	3.96	1.88	1.72	6.06	9.23

注：种植业包括经济作物和粮食作物的种植，数据来源于《中国对外农业投资合作分析报告》。

从国家层面看，中国农业对外投资产业布局是企业基于东道国的区位优势与国家战略做出的选择。如表4-4所示，截至2020年，中国对印度尼西亚的投资存量为70.64亿美元，占对亚洲投资存量总额的47.16%，投资的企业共60家，主要投资的产品包括水稻、天然橡胶、甘蔗、油棕、水产品以及农机产品等。"一带一路"倡议背景下，中国的"21世纪海上丝绸之路"设想与印度尼西亚的"海上高速公路"规划高度吻合，两国贸易投资合作具有较大潜力。中国对毛里塔尼亚的投资存量为2.79亿美元，占对非洲投资存量总额的16.72%，主要投向渔业。毛里塔尼亚地处西北非渔场，近年来，其坚持实行经济自由化政策和减贫战略，加大对农业和基础设施投入，吸引外资流入。中国对新西兰投资存量约为13.55亿美元，占对大洋洲国家投资存量的38.96%，主要投向畜牧业。新西兰农业技术先进，农业资源丰富，与中国的交通便利且农产品互补性强。中国对巴西的投资存量为18.82亿美元，占对南美洲投资存量总额的86.25%。作为全球第二大转基因作物种植国，巴西的咖啡、蔗糖产量居世界首位，耕地资源丰富，投资潜力较高。中国对美国的直接投资存量为1.98亿美元，约占对北美总投资存量规模的64.29%。美国农业高度发达且自然资源丰富，但其对外资持中立态度，中国企业在投资过程中需重点关注其贸易保护主义政策，防范政治干预等风险（农业农村部国际合作司等，2020）。

表 4 - 4 2020 年中国农业对外投资重点国家产业分布情况

投资流量（万美元）				
产业类别	印度尼西亚	毛里塔尼亚	新西兰	巴西	美国
种植业	5 506.45	0.00	0.00	12.70	2.40
畜牧业	1 471.41	10.00	6 457.33	0.00	122.58
林业	1 617.64	0.00	202.46	0.00	355.00
渔业	0.00	971.84	0.00	0.00	300.00
农资产业	2 822.00	0.00	0.00	10.00	0.00
其他产业	9 286.90	0.00	6 045.95	1 075.00	260.71

投资存量（万美元）				
产业类别	印度尼西亚	毛里塔尼亚	新西兰	巴西	美国
种植业	612 963.13	0.00	40.00	180 317.70	3 253.60
畜牧业	4 489.13	181.70	101 692.73	0.00	1 402.00
林业	1 717.64	0.00	1 841.80	0.00	4 151.69
渔业	19 017.94	27 686.15	0.00	0.00	1 479.00
农资产业	269.00	0.00	0.00	18.00	0.00
其他产业	67 960.58	0.00	31 895.84	7 819.82	9 525.09

注：种植业包括经济作物和粮食作物的种植，数据来源于《中国对外农业投资合作分析报告》。

4.1.3 中国农业对外投资企业的业务类别分布

从投资业务类别看，超过一半的农业对外投资企业从事单一业务，且集中于农业生产环节（表 4 - 5）。国家统计数据显示，在从事单一业务经营的农业企业中，有 482 家企业从事农业生产，占企业总数的 47.72%；有 30 家企业从事加工业务，占比 2.97%；从事产前环节，如品牌、科研业务的企业分别有 27 家和 21 家；从事产后环节，如仓储、物流环节的企业数量最少，分别为 13 家和 9 家。可以看出，目前中国农业对外投资业务较为集中，且产前和产后环节的投资明显不足。产前和产后环节位于农业价值链的两端，具有较高的附加值，应是今后企业投资布局的重点。但不可否认的是，从事多种业务的企业数量明显增加。在有效填写业务类别的 1 010 家企业中，有 428 家同时经营两种及以上类型的业务活动。企业业务范围的拓展体现出中国农业"走出去"企业的整体实力在不断增强以及企业对于提高农业价值链分工地位的重视。

表 4 - 5　2020 年中国农业对外投资企业业务类别

业务类别	企业数（个）	比例（%）	业务数量	企业数（个）	比例（%）
生产	482	47.72	2 种	126	12.48
加工	30	2.97	3 种	91	9.01
品牌	27	2.67	4 种	96	9.50
科研	21	2.08	5 种	45	4.46
仓储	13	1.29	6 种	70	6.93
物流	9	0.89	—	—	—
单一业务小计	582	57.62	多种业务小计	428	42.38

注：表格来源于《中国对外农业投资合作分析报告》。

4.2　中国在全球农业价值链中的参与度与分工地位测算

4.2.1　测算方法与数据来源

（1）全球价值链参与程度测度。本书采用的是全球价值链参与度指标，该指标是 Koopman（2012）在贸易增加值分解框架下构建的，用来衡量一国某产业在全球价值链中的参与程度。测度公式为：

$$GVC\_Particpation_r = \frac{IV_r + FV_r}{E_r} \qquad (4-1)$$

其中，$GVC\_Particpation_r$ 表示 r 国农业的全球价值链参与度，取值为 [0,1]，该值越大，参与程度越深。IV_r 表示 r 国农业间接增加值出口，FV_r 表示 r 国农业产业出口中的国外增加值，E_r 表示 r 国农业以增加值计算的出口总值。

对全球价值链参与度进行分解，可以进一步探讨一国农业全球价值链的嵌入方式及方向。从全球价值链理论内涵与外延看，一国加入全球农产品价值链的经济活动实际是对农业产业的分配并且通过这种分配的农产品附加值流动，也包含着以中心品为纽带的农业附加值双向来源

（李正等，2019）。测度公式为：

$$GVC\_Correlation_r = \frac{IV_r}{E_r} + \frac{FV_r}{E_r} \qquad (4-2)$$

其中，$GVC\_Correlation_r$ 表示 r 国农业全球价值链关联度，$\frac{IV_r}{E_r}$ 为前向参与度指数，用于衡量 r 国农业作为中间产品出口第三国对全球价值链参与的贡献，基于前向联系的全球价值链参与度描述了一个国家/部门/行业的全球价值链活动通过下游企业产生的价值增值占该国家/部门/行业总增加值的比例，该指数越大，表明该国家/部门/行业参与全球价值链上游环节的程度越高。$\frac{FV_r}{E_r}$ 为后向参与度指数，用于衡量 r 国农业作为中间产品进口对全球价值链参与的贡献，基于后向联系的全球价值链参与度描述了通过上游公司参与全球价值链所涉及的最终产品和服务中的国内增加值占该国家/部门/行业全部最终产品和服务的比例。同样，该指数值越大意味着该国家/部门/行业参与全球价值链下游生产环节的程度越高。

数据来源于经济合作与发展组织（OECD）和世界贸易组织（WTO）联合发布的 TiVA 数据库。本书选取 2003—2018 年贸易增加值数据，测度了 64 个国家全球价值链参与度和关联度，进而研判中国农业融入全球价值链的总体进展。

（2）全球价值链分工地位测度。采用第 3 章中出口技术复杂度指数测度一国在全球农业价值链中的分工地位。同时，为更加明确中国农产品出口技术复杂度在世界上的相对位置，解决由人均收入变动导致的各国出口技术复杂度绝对值变动趋势一致的问题，本书借鉴孙炜（2019）的研究，采用相对出口技术复杂度指数进行对比分析，具体计算公式如下：

$$RES_z = Expy_z / \left(\sum_j Expy_j / n \right) \qquad (4-3)$$

其中，下标 z 表示某一国家，n 表示除该国外的世界上其他国家的总数，本书测度了 180 个国家的出口技术复杂度，故 n 为 179。该指数反映的是一国的农产品出口技术复杂度与其他国家平均水平的差距，指数大于 1 表明高于平均水平，反之则小于平均水平。

本书所用相关农产品数据来自 UN COMTRADE 数据库，采用的是联合国国际贸易标准分类 SITC 第三版下的 3 位码数据。根据世界贸易组织定义，农产品包括 SITC 中的第 0、1、2、4 大类，但不包括第 2 大类中的第 27、28 类。各国人均 GDP 指标采用的是按购买力平价（PPP）衡量的人均 GDP（2011 年不变价国际元），剔除了通货膨胀和汇率等的影响，数据来自世界银行统计数据库（WDI）。

4.2.2　测算结果及分析

（1）全球价值链参与程度。根据公式（4-1）、公式（4-2），本书计算了 64 个国家 2003 年至 2018 年的全球农业价值链参与度以及前后向关联度，受文章篇幅限制，表 4-6 列出的是这 64 个代表性国家 2003—2018 年三个指标的均值数据。

从表 4-6 可以看出，发达国家参与全球农业价值链的程度较新兴国家及其他发展中国家更深。在发达国家中，爱尔兰、比利时和卢森堡的全球价值链参与度均在 0.6 以上，且后向关联度较高。较高的后向参与度意味着生产过程中更多地依赖于外国的中间产品，越可能是全球价值链的被动从属者。而美国、日本、澳大利亚前向关联度均在 0.35 以上，高于其他国家，表明这些国家能够生产高附加值的中间产品，在全球价值链上处于高附加值环节，很可能是全球价值链的主导者，能够更强地控制价值链各环节的运作并从中获利。新兴国家中南非价值链参与度为 0.62，远高于俄罗斯、巴西和中国，而这些新兴国家与发达国家相比，后向关联度更低，巴西、墨西哥、菲律宾、中国、印度尼西亚、印度的后向关联度均低于 0.1。在发展中国家中，文莱、马耳他、立陶宛、捷克、波兰、拉脱维亚的参与度在 0.5 以上，但主要参与价值链的下游环节。这表明，一个国家嵌入全球农业价值链的位置与该国的经济和农业技术水平有关。中国的全球农业价值链参与度均值为 0.33，后向参与度仅为 0.08，在 64 个代表性国家中处于较低水平。

表 4-6　2003—2018 年代表性国家全球农业价值链参与度

国家	参与度	前向	后向	国家	参与度	前向	后向
马耳他	0.67	0.15	0.52	葡萄牙	0.45	0.25	0.20
爱尔兰	0.64	0.25	0.39	奥地利	0.45	0.23	0.22
比利时	0.64	0.30	0.34	越南	0.45	0.15	0.30
卢森堡	0.62	0.10	0.52	保加利亚	0.45	0.21	0.24
南非	0.62	0.40	0.22	智利	0.44	0.27	0.17
丹麦	0.59	0.33	0.26	斯洛文尼亚	0.43	0.19	0.24
文莱	0.56	0.27	0.29	韩国	0.42	0.24	0.18
荷兰	0.53	0.29	0.24	塞浦路斯	0.42	0.21	0.21
挪威	0.52	0.31	0.21	克罗地亚	0.42	0.21	0.21
拉脱维亚	0.52	0.27	0.25	俄罗斯	0.40	0.30	0.10
捷克	0.51	0.24	0.27	芬兰	0.40	0.23	0.17
立陶宛	0.51	0.25	0.26	西班牙	0.38	0.24	0.14
波兰	0.51	0.29	0.22	哥斯达黎加	0.37	0.20	0.17
德国	0.51	0.34	0.17	哈萨克斯坦	0.37	0.23	0.14
法国	0.51	0.32	0.19	冰岛	0.36	0.25	0.21
以色列	0.51	0.30	0.21	意大利	0.35	0.23	0.12
瑞士	0.50	0.27	0.23	巴西	0.33	0.24	0.09
新加坡	0.50	0.20	0.30	中国	0.33	0.25	0.08
英国	0.50	0.32	0.18	泰国	0.33	0.16	0.17
加拿大	0.49	0.29	0.20	马来西亚	0.33	0.17	0.16
澳大利亚	0.49	0.38	0.11	罗马尼亚	0.32	0.19	0.13
爱沙尼亚	0.49	0.20	0.29	希腊	0.31	0.18	0.13
瑞典	0.49	0.27	0.22	墨西哥	0.30	0.21	0.09
日本	0.47	0.36	0.11	哥伦比亚	0.28	0.20	0.08
新西兰	0.46	0.32	0.14	阿根廷	0.27	0.21	0.06
美国	0.46	0.37	0.09	摩洛哥	0.26	0.12	0.14
斯洛伐克	0.46	0.20	0.26	老挝	0.25	0.13	0.12
匈牙利	0.46	0.19	0.27	土耳其	0.23	0.13	0.10

（续）

国家	参与度	前向	后向	国家	参与度	前向	后向
沙特阿拉伯	0.22	0.14	0.08	柬埔寨	0.16	0.07	0.09
菲律宾	0.21	0.14	0.07	秘鲁	0.15	0.10	0.05
突尼斯	0.21	0.10	0.11	印度	0.14	0.10	0.04
印度尼西亚	0.17	0.11	0.06	缅甸	0.13	0.09	0.04

注：此表按各国农业价值链参与度由高到低排序。

　　从价值链参与度看，中国参与农业全球价值链的水平较低，但增长速度较快（图 4 - 1）。2003 年以来中国价值链参与度均值为 0.33。2010年之后，随着中国农业对外开放水平的不断提高，中国农业参与全球农业价值链的增长势头明显，2018 年价值链参与度为 0.42，较 2003 年的参与度 0.25 增长了 68.00%。尽管增长较快，但中国的全球农产品价值链参与率与世界主要农产品出口国相比还存在较大差距，尤其是美国、荷兰、德国、法国、加拿大的参与率基本保持在 0.5 左右，在全球农业价值链中占据优势地位。其中，荷兰参与全球农业价值链程度最高，除个别年份外，全球农业价值链参与率均在 0.5 以上。巴西的价值链参与率与中国大致相当，保持在 0.35 左右。总体来看，当前中国与主要农产品出口国的差距略有缩小。

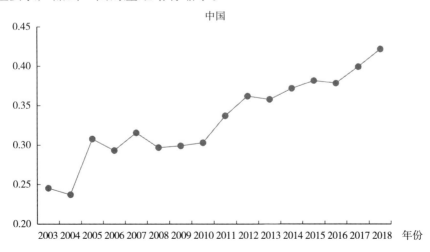

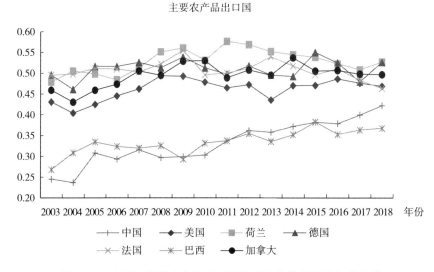

图 4-1　中国与主要农产品出口国全球农业价值链参与度比较

从前后向关联度看，中国参与全球农业价值链的前向关联度有明显提高（图 4-2）。2010 年之后，前向关联度增长较快，由 0.23 增加到 0.33，增长了 43.48%，可见中国参与全球农业价值链的深度变化主要来自前向参与度的增长。前向参与度的增长意味着中国农业技术水平的提高，能够生产更多高附加值的中间产品出口供其他国家使用，正逐渐向全球价值链的上游环节攀升。随着外商在华农业投资的增加以及中国农业对外开放水平的提高，日渐增强的粮食生产能力以及日益成熟的技术将中国农业推进到一个新阶段，使得产业链延长、增加值更多的来自间接出口（李正等，2019）。从与主要农产品出口国的比较看，中国与其他出口国的价值链前向关联度呈收敛态势。美国的前向关联度最高，其次为德国和法国。荷兰的后向关联度最高，2018 年达到 0.27，德国也有较大幅度的增长，其次为法国和加拿大，而美国、巴西和中国的价值链后向参与度相对较低。

（2）全球价值链分工地位。根据公式（4-3）、公式（4-4），本书计算了 180 个国家（地区）2000—2019 年的农产品出口技术复杂度，受文章篇幅限制，同时为便于比较，表 4-7 列出了与 TiVA 数据库重合的 62 个代表性国家 2000 年、2019 年、2000—2019 年均值以及增长率数据。

从表 4-7 可以看出，发达国家的农产品出口结构优于新兴国家及其他发展中国家。卢森堡、丹麦、芬兰、塞浦路斯、法国、奥地利、英国等国家自 2000 年以来始终处于全球农业价值链的较高水平，且农产品出口技术复杂度保持着较高的增长速度。与发达国家相比，俄罗斯、墨西哥、巴西、土耳其、中国、印度、印度尼西亚等新兴国家出口技术复杂度排名处于较低水平。在发展中国家中波兰、立陶宛、匈牙利的价

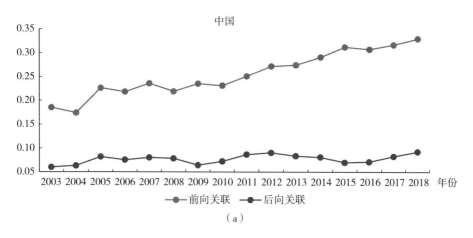

（a）

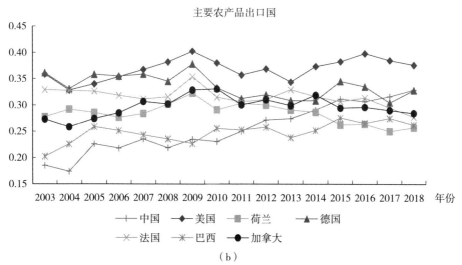

（b）

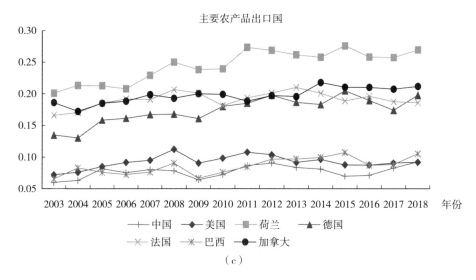

（c）

图 4-2　中国与主要农产品出口国前后向关联度比较

注：（a）为中国的全球农业价值链前后向关联度，（b）为主要农产品出口国的全球农业价值链前向关联度，（c）为主要农产品出口国的全球农业价值链后向关联度。

值链地位相对较高。这也表明，一个国家的全球农业价值链分工地位与该国的经济呈现一定程度的正相关（孙延红等，2020）。从国际对比情况看，中国农产品出口技术复杂度远低于发达国家，在新兴国家中也落后于俄罗斯、墨西哥、巴西和土耳其，甚至略低于世界平均水平。从均值来看，20 年来中国的农产品出口技术复杂度均值为 18 537 美元，与发达国家相比处于较低水平，从年均增长率看，中国农产品出口技术复杂度年均增长率为 2.44%，处于中等水平，且落后于丹麦、芬兰、法国、奥地利、英国等发达国家，在一定程度上表明中国与发达国家的技术差距在进一步拉大。2000 年，中国与发达国家农产品出口技术复杂度的差值为 2 530.17 美元，到 2019 年，这一差值增长为 4 878.25 美元。同样的，2000 年，中国的农产品出口技术复杂度接近于世界平均水平，但到 2019 年，中国出口技术复杂度为 24 713 美元，低于世界平均水平（26 353 美元）。

表 4-7 2000—2019 年代表性国家农产品出口技术复杂度

国家	2000 年	2019 年	均值	增长率	国家	2000 年	2019 年	均值	增长率
新西兰	20 928	34 421	27 026	2.65	爱沙尼亚	17 009	28 377	20 949	2.73
爱尔兰	21 057	34 818	26 725	2.68	美国	17 798	26 720	20 810	2.16
卢森堡	20 720	32 123	25 176	2.33	日本	15 365	29 326	20 619	3.46
丹麦	19 878	32 476	24 703	2.62	南非	17 346	26 025	20 455	2.16
芬兰	20 783	33 387	24 428	2.53	俄罗斯	18 043	25 611	20 409	1.86
沙特阿拉伯	19 460	30 514	24 007	2.40	保加利亚	18 412	24 454	20 289	1.51
塞浦路斯	21 839	33 563	23 762	2.29	哈萨克斯坦	14 703	24 333	20 247	2.69
法国	18 662	30 648	23 535	2.65	罗马尼亚	16 813	25 861	20 189	2.29
奥地利	19 076	30 660	23 426	2.53	西班牙	16 434	26 595	20 164	2.57
英国	18 578	31 577	23 415	2.83	泰国	15 815	27 065	19 980	2.87
斯洛文尼亚	20 102	30 106	23 178	2.15	墨西哥	15 178	26 255	19 689	2.93
新加坡	17 062	34 316	23 092	3.75	韩国	14 189	27 641	19 652	3.57
马耳他	21 584	30 066	22 966	1.76	希腊	16 232	25 885	19 489	2.49
澳大利亚	17 881	29 810	22 867	2.73	阿根廷	16 603	25 046	19 352	2.15
德国	18 900	29 085	22 762	2.29	巴西	15 915	24 556	19 311	2.31
瑞典	20 481	29 594	22 588	1.96	柬埔寨	15 052	24 767	19 307	2.66
葡萄牙	19 619	28 337	22 149	1.95	土耳其	15 992	23 976	18 876	2.15
波兰	16 883	28 632	22 057	2.82	以色列	15 172	24 461	18 669	2.55
瑞士	19 728	27 271	21 951	1.72	挪威	15 339	26 720	18 653	2.96
立陶宛	19 167	27 969	21 930	2.01	中国	15 620	24 713	18 537	2.44
捷克	18 519	28 317	21 922	2.26	冰岛	14 662	26 538	18 367	3.17
意大利	17 571	28 922	21 867	2.66	印度	14 614	23 784	18 323	2.60
荷兰	18 431	28 696	21 860	2.36	哥斯达黎加	14 128	24 835	18 322	3.01
匈牙利	17 736	27 590	21 558	2.35	秘鲁	16 610	22 889	17 996	1.70
比利时	17 908	27 574	21 511	2.3	摩洛哥	14 790	23 535	17 954	2.48
斯洛伐克	18 751	27 863	21 337	2.11	菲律宾	15 186	23 592	17 925	2.35
加拿大	18 993	26 800	21 228	1.83	马来西亚	16 094	26 098	17 892	2.58
克罗地亚	19 381	27 564	21 182	1.87	突尼斯	16 268	23 004	17 655	1.84
拉脱维亚	17 932	28 568	21 158	2.48	越南	14 461	23 926	17 602	2.69
文莱	17 992	28 141	21 105	2.38	印度尼西亚	15 369	24 871	17 381	2.57
智利	17 670	27 587	20 969	2.37	哥伦比亚	12 453	20 648	15 480	2.70

注：此表按各国 2000—2019 年农产品出口技术复杂度均值由高到低排序，表中增长率为年均增长率数据。

从时间维度看，中国的农产品出口技术复杂度大致呈增长态势（图4-3）。从2000—2005年，中国出口技术复杂度基本保持稳定，增长率不超过5%，在2006年有较为快速的增长。2008年全球金融危机造成农产品出口市场萎缩，出口贸易壁垒加深，全球经贸环境恶劣，我国农产品出口行业遭受沉重打击，2009年农产品出口技术复杂度下降了约6%，对比来看，相对出口技术复杂度下降了2.37%，表明该年出口技术复杂度的下降是由全球经贸环境恶化和国内农产品技术升级受阻共同导致的。2010年之后，中国出口技术复杂度再度呈上升趋势，尤其是在2013年的"一带一路"倡议提出后，与"一带一路"沿线各国的农业协作和优势互补给中国农业贸易提供了新的发展契机，进一步加快了中国农业结构转变的步伐。到2019年，中国农产品出口贸易复杂度为24 713美元，增长率约10%。从对比情况看，中国相对出口技术复杂度指数呈"V"字形变动，常年低于世界平均水平。自2000年起，中国农产品的相对出口技术复杂度波动下降，并在2009—2011年三年间达到最低，为0.92左右，之后波动上升，2019年中国农产品相对出口复杂度超过世界平均水平。

从与全球重要农产品出口国的对比来看，中国在全球农业价值链分工中的地位低于美国、荷兰、德国、法国、加拿大等主要农产品出口国，其中，德国农产品出口技术复杂度上升明显（图4-4）。尽管中国

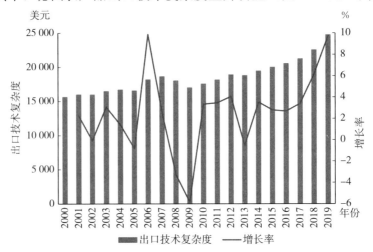

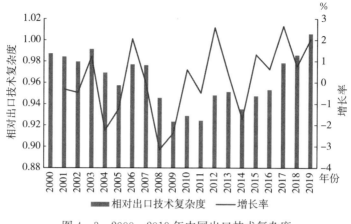

图 4 - 3　2000—2019 年中国出口技术复杂度

已成为世界第一大农产品出口国，根据 UN COMTRADE 数据库统计显示，2019 年中国农产品出口值为 817.26 亿美元，但与其他农产品出口大国的差距明显，在 2016 年之前中国农产品出口技术复杂度也低于巴西。总体来看，法国、德国、荷兰在参与全球价值链过程中保持着优势地位，2019 年，法国农产品出口技术复杂度超过 30 000 美元，相对出口技术复杂度为 1.25，德国和荷兰分别为 29 085.26 美元、28 696.49 美元。在 2013 年之后，中国出口技术复杂度较其他几个国家增长更快，这与中国对外开放程度进一步扩大密切相关。

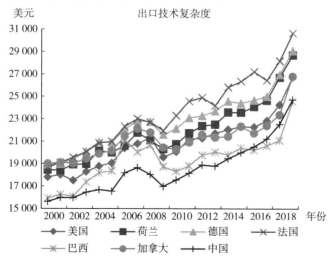

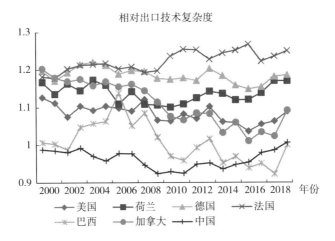

图 4-4　2000—2019 年重要农产品出口国出口技术复杂度对比

4.3　中国在全球农业价值链中分工地位偏低的原因分析

随着中国农产品对外贸易的发展，中国日益融入世界农业分工体系中。但不可否认，这些公司处在整个农业价值链阶段的中低端和低端环节，至于高附加值阶段，即产品开发和品牌建设环节，多被较发达的跨国公司所领导和管理，中国农业企业的国际竞争力与国际大型跨国公司相比还有很大的差距。造成这一现象的原因是多方面的，从外部因素看，发达国家跨国公司利用全球价值链和全球生产网络制定全球规则和标准，左右全球农业治理，掌握话语权，控制和决定着全球农业资源和市场。而以中国为代表的发展中国家，面对着来自发达国家高端要素以及更低成本国家的中低端要素的双重压榨。从国内因素来看，由于我国经济的高速成长，土地、劳动力等重要生产要素的价值也日益提高，造成中国农业发展的低成本优势逐渐丧失。

4.3.1　中国农业"走出去"整体水平低

中国农业对外投资受到企业自身实力弱、国内外环境不稳定等诸多约束。从投资规模来看，根据国家统计年鉴数据，中国农业对外投资比例很小，十多年来都只占对外总投资的1%左右。从投资主体看，目前我国开展农业对外投资的企业多为中小型企业，自主创新能力薄弱，抗风险能力不足。受"一带一路"倡议引导，各类企业一拥而上"走出去"，集中于种养殖、加工、销售等环节，从事仓储物流等服务环节的企业较少，缺乏明确的投资规划。长期靠天吃饭、广种薄收、不重视农业技术应用的经营理念，使农业企业生产效率的提高有限（李治等，2020）。从投资效果看，部分农业投资项目受东道国限制、文化差异、政治经济风险等因素制约，处于未执行或停滞状态（图 4-5）。从投资环境看，欧美等西方国家频繁质疑中国农业对外投资的目的，这对中国农业企业"走出去"产生了不利影响。

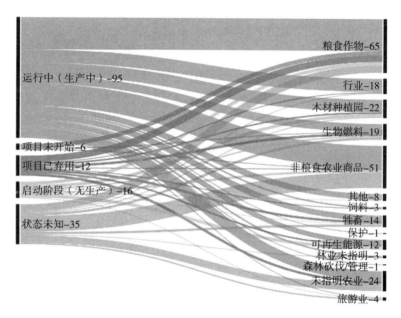

图 4-5　中国海外耕地投资项目运行情况

注：图片来源于 Land Matrix 数据库。

4.3.2　来自发达国家的低端锁定压力

发达国家农业"走出去"的经验丰富，有着比较大的国际市场竞争优势（仇焕广等，2013）。经济发达国家的农业跨国企业引领和支配全球价值链的各个环节，直接决定着整个链条的利益分配，掌握着农业技术、种子分销、农产品营销等高附加值环节，相比较而言，发展中国家是全球农业价值链的被动参与者。虽然发展中国家能够通过"干中学"效应实现经验和知识积累。但由于知识、技术和资本水平的差异，发展中国家从价值链的低端环节向高端环节攀升极其困难，这势必将导致发达国家跨国公司对其"低端锁定"。数据显示，ABCD 四大粮商控制了全球 80%的粮食交易，从化肥、种子等的生产环节到建立自己的运输网络等流通环节，通过集团化运作掌控着整个价值链条（伍铎克等，2022）。凭借着经营规模、管理经验等方面的优势，这些企业给国内农业企业"走出去"带来了不小的竞争压力。

4.3.3 国内农业生产要素的低成本优势逐渐丧失

生产成本是决定农业产业竞争力的重要因素。随着中国土地、劳动力、环境以及质量安全成本的逐渐显性化，国内农业生产综合成本的比较优势正在丧失。中国劳动力的比较优势逐渐被经济发展水平更低的国家替代，其他生产要素，如土地、资金和运输成本都出现了普遍的上涨，在全球农业价值链中处于不利地位。如图 4-6 所示，中国三种粮食的生产成本逐年提高，2004 年亩均生产成本不到 400 元，2010 年上

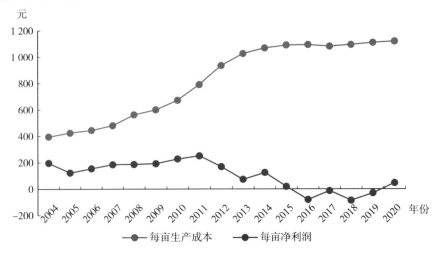

图 4-6　2004—2020 年三种粮食平均生产成本与净利润

注：数据来源于历年《全国农产品成本收益资料汇编》。

涨至每亩近 700 元、2020 年已经超过 1 100 元，16 年间，中国三种粮食的亩均生产成本增加了 700 多元，上涨了 1.75 倍。生产成本不断上升直接导致了中国粮食生产净利润的下降，亩均净利润由 2004 年将近 200 元下降至 2013 年的 72.94 元，到 2016 年亩均净利润变为负数，中国农业生产的低成本优势与主要农产品出口国相比已经丧失。

4.4　本章小结

本章是研究的基础，主要分析中国农业对外投资的区位布局现状以及中国在全球价值链中的参与程度和分工地位。首先利用《中国对外农业投资合作分析报告》有关数据分析了中国农业对外投资规模、产业的地理分布特征以及企业业务类别情况，接着利用 TiVA 数据库和 UN COMTRADE 数据库，采用价值链参与度指数和出口技术复杂度指数测度了包括发达国家、新兴国家和发展中国家在内的 64 个国家的全球农业价值链参与程度和地位。主要得出以下研究结论：

（1）中国农业对外投资区位布局呈现明显的集中性。在海外设立的农业企业中，有一半以上位于亚洲，反映出地缘关系是中国农业对外投资区位选择的重要影响因素。从投资产业看，中国农业对外投资集中于种植业和畜牧业。其中种植业主要投向了缅甸、老挝、泰国等国家，投资开发的粮食作物以玉米、小麦、水稻为主，主要经济作物是天然橡胶、棉花、甘蔗和棕榈油等。畜牧业主要投向了大洋洲，以澳大利亚为代表，投资开发的畜产品主要是乳制品和牛羊肉。从业务范围看，目前中国企业农业对外投资主要集中于生产环节，但随着企业整体实力的增强，从事多种业务的企业数量显著增加。总体来看，中国农业对外投资企业分布、产业分布和业务分布都较为集中，应在原有投资布局基础上加快全球农业布局，尤其应加强对发达国家和新兴国家市场的投资布局。

（2）中国参与全球农业价值链的程度偏低。测度结果表明，发达国家参与全球农业价值链的程度更深且占据优势地位。从价值链参与度指数看，中国的价值链参与程度较低但增长速度较快，与发达国家和全球主要农产品出口国的差距呈收敛趋势，且这种增长主要来自前向参与的快速上升。从出口技术复杂度指数看，中国农产品出口技术复杂度还较低且增长速度较慢，与发达国家的差距在进一步扩大。中国应进一步关注参与全球农业价值链的质量，提高在全球农业价值链中的地位。

第5章　基于价值链视角的中国农业对外投资布局优化研究

在分析了现有的农业对外投资布局的基础上，本章将从国家层面实证研究如何优化投资布局提高价值链地位，主要包含两部分内容。一是研究当前的农业对外投资格局是如何形成的，即研究投资价值链不同环节的企业区位选择决策的影响因素。提出农业对外投资区位决策的基本理论假设——企业方面投资动机、东道国方面引进农业外资的需求以及投资环境的综合动因，在此基础上建立指标体系，实证研究中国涉农企业投资价值链上、中、下游不同环节时区位选择影响因素的异同。二是分价值链环节研究中国农业对外投资应向哪些区域进一步拓展现有投资布局。尝试建立农业对外投资候选区位评价指标体系，采用层次分析法，分环节评估中国农业对外投资的适宜区位，引导后续农业"走出去"企业根据自身嵌入的价值链位置选择合适的投资区位。

5.1　价值链升级视角下农业对外投资区位选择的理论框架

企业是农业对外投资的主体，根据 Hymer（1960）的垄断优势理论，企业在开展对外投资活动时，会综合考量自身和东道国的优势。企业将根据自身投资动机和战略，选择嵌入和深耕价值链的一个或多个环节，在此过程中不断巩固自身的垄断优势，获得更高的利润，从而实现该价值链环节的升级。例如，掌握高端农业生产技术的企业会被资源丰裕型国家吸引，利用东道国的资源加自身的技术优势进入价值链生产环节，形成规模优势，实现生产环节的横向深度嵌入升级，该类企业属于资源导向型企业。基于上述分析，企业投资动机是将投资区位选择与价值链升级联系起来的关键一环，本研究利用 Dunning（1998）的投资动机理论将农业对外投资区位选择与价值链升级模式串联起来，提出价值链升级导向下农业对外投资区位选择的理论框架，如图 5-1 所示。

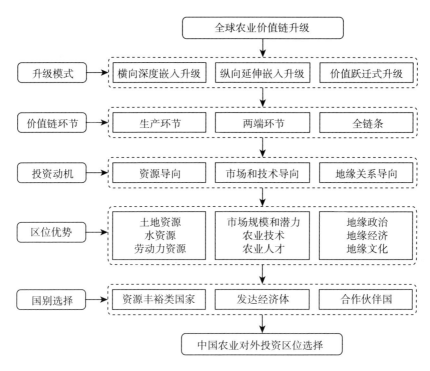

图 5-1　价值链升级导向下中国农业对外投资区位选择的理论框架

在核心解释变量——投资动机方面，参考 Dunning（1998）对外商投资动机的划分，从以下方面衡量企业的投资动机：

（1）农业自然资源。根据资源禀赋理论，东道国农业自然资源的丰裕程度对于中国企业投资区位选择至关重要（Schoneveld，2014）。中国正面临着人均耕地少、水资源短缺、生态环境恶化等诸多问题和挑战，加之工业原料需求量的增加和农产品消费结构的提升，导致我国对农产品资源的需求越来越旺盛。但需要关注的是，随着农业公司所生产的农产品种类以及生产工艺有所不同，农产品资源所反映的价值亦会不同。如俄罗斯和巴西等国的耕地资源丰富，对从事粮食生产的中国企业的价值更大，而从事橡胶生产的跨国企业则倾向于向东南亚地区投资。总的来说，在其他条件不变的情况下，一国农业资源越丰富，越容易吸引农业外商投资。

（2）市场规模。市场规模是能够反映东道国经济活力的重要指标。区位理论指出，如果生产基地离开了交易市场，就会提高交通运输的成本，从而减少了公司的投资收益，国际生产折衷理论也十分重视市场规模对企业对外投资区位选择的直接影响。对中国来说，随着从原来的外部援助式投资向资源开发与市场开拓式投资的转化，市场规模成为直接影响我国企业农业对外投资区位选择的主要因素。一方面，国内一些农产品如大豆、棉花、橡胶等面临供需失衡的境况，需要大量进口，迫切需要国内企业"走出去"来保证农产品的平稳供应。另一方面，在近年来全球经济增长乏力以及全球粮食价格高位运行的共同驱动下，全球粮食安全不容乐观，农产品市场潜力很大，这在很大程度上推动了中国企业"走出去"。在其他因素不变的前提下，东道国的市场规模越大，企业越容易实现规模经济，提高竞争优势，进而促使更多的中国企业前往投资。

（3）地缘关系。地缘关系主要通过地理距离对运输成本产生影响，进而影响企业对外投资区位决策。中国到其他国家开展农业投资，往往需要支付运输成本，若中国与东道国的地理距离较远，就会增加原材料或农业机械的运输费用，降低中国企业投资的可能性。另外，地理距离还可能通过社会文化差异直接影响我国对东道国的投资规模（姜小鱼等，2018）。通常而言，地理距离越大意味着两者的语言环境、种族等社会差异也越大，这就会加大我国中小企业和东道国之间的"心理差距"，从而削弱了中国公司农业对外投资的能力和意愿。而东南亚一些国家因为和中国地理位置的接近性加上大量华人华侨的存在，在社会发展层面的共同点较多，这些因素可以降低中国在东南亚各国进行投资发展项目的阻力。

（4）农业技术水平。一些企业选择发达国家开展投资，为的是掌握先进的农业科技与经营方法，以及跟踪国外领先科技，提升农业的科技水平，促进技术成果的产业化和商品化（Jarrett et al.，2015）。另一方面，农业生产也要求劳动力具备一定素养，尤其对于技术要求高的经济作物，需要劳动者掌握专门的技术。所以，东道国农业技术水平也成为国内企业考量是否进行农业投资的关键因素。一般来说，如果东道国的农业技术水平高，则国内企业就能够比较便捷地聘请到所需要的技术人员，从而降低了学习的成本、减少了培训时间，也易于转化为农业生产力。近年来，农作物种植、农副产品加工以及水产养殖等行业在农业对外投资中的比重不断增加，伴随而来的种植养殖、复杂农业设备操作、优质种子培育以及农副产品加工等方面的科学管理理念和先进技术越来越多，这需要东道国具备相对成熟的农业技术才能承接，对东道国的农业研究水平、生产力技术水平、农业人力资源储备等方面也提出了更多的技术需求。所以，在其他因素不变的前提下，东道国农业技术条件越好，国内企业对外投资的成本就越低，越可能选择该国作为境外农业投资的目标国。

5.2　研究方法与数据来源

5.2.1　变量选择与数据来源

（1）影响因素变量选择。除企业投资动机这一核心影响因素之外，企业对外投资区位选择还受东道国引资需求、东道国投资环境等方面的影响。农业对外投资区位选择是一项复杂的战略决策，农业对外投资是否实际发生，一方面取决于"推力"，即企业的投资动机。换句话说，如果公司在该地区投资，是否可以获利？公司在东道国投资的动机通常包括资源、劳动力、市场和技术（Dunning，1998）。另一方面取决于"拉力"，即东道国引进农业外资的需求度，包括促进粮食生产、技术转移和就业等方面（Khouri et al.，2011；Djokoto et al.，2022），也可解释为发展中国家农业发展的内在需要。此外，一项投资是否发生还取决于"中间因素"，即东道国的投资环境（Lu et al.，2020）。企业在投资前会综合考虑投资环境因素的影响，只有确定投资的总体收益大于投资成本时才会选择向该国投资。

因此，将解释人口迁移的推拉理论引入农业对外投资形成过程的分析，从企业投资动机、东道国引资需求和投资环境三个层面分析农业对外投资区位选择的影响因素，如图 5-2 所示。

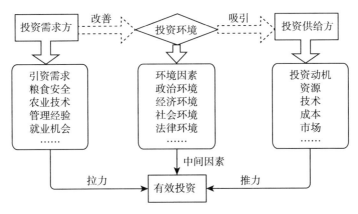

图 5-2　农业对外投资区位选择的影响因素

在东道国引资需求方面，应重点关注东道国的粮食供应情况和购买力水平。

一是粮食供应情况。粮食供应在粮食安全中起着决定性的作用，是确保人们获得充足食物的必要条件（Clapp，2017）。一国引进外国农业投资的一个基本原因就是满足本国粮食需求，提高粮食产量和粮食供应。由于发展中国家的农业资本较为短缺，投资的不足通常意味着生产力低下和生产停滞。但发展中国家填补这一空白的能力是有限的，而外商投资是带动农业快速发展的有效方式之一（Jiang et al.，2019；Ding et al.，2021）。对农业的不断投入会促进技术转移，提高农产品的产量和质量（Dries et al.，2004），进而会增加发展中国家在全球农业产量和出口中所占的份额（Gunasekera et al.，2015），减少其对进口的依赖。引进农业外资能够在当地创造就业机会，促进农民收入的增长（Williams，2015），满足发展中国家日益增长的食品需求（Lampietti et al.，2011），减少营养不良（Soriano et al.，2016）。因此，许多发展中国家开始引进农业外资，包括资本、技术和管理经验等，将其作为获取资本与技术的机会，以期能够提高本国农业生产力，满足该国粮食供给和农业发展需求（Kaarhus，2018）。一般来说，一国粮食供应量越不充足，该国引进农业外资的需求就越强烈。

二是购买力水平。市场购买是粮食获取的重要方式，这取决于人们的市场交易能力，而人均资本存量会显著影响人们的购买力水平（公茂刚等，2011）。一般而言，一个国家的人均资本存量越低，获得粮食的能力越弱，粮食安全性就越差，引进外国农业投资的需求就越强。

在东道国投资环境方面，需综合考虑东道国的宏观经济、政治和法治环境以及东道国的基础设施情况。

一是宏观经济稳定性。东道国的宏观经济条件对我国农业对外直接投资规模和方向产生了正向作用。进行对外直接投资的企业希望得到稳定的经济回报，东道国经济环境的稳定性是其考虑的重要因素（Moghadam et al.，2019）。如果某一时期的全球宏观经济环境越是平稳，出现全球金融危机的可能性就越小，那么开展国外农业投资的经济风险也就相应地更低，在其他条件不变的情况下，中国公司通过"走出去"所取得的农产品投资效率也更高。

二是政治和法治环境。东道国的政策和政治制度对中国农业对外投资区位决策具有十分重大的影响。相关研究表明，东道国政治制度越稳定，意味着东道国的政治程序更加简单透明，决策更加科学民主（汪晶晶等，2017）。良好的政治环境会降低交易成本、提高企业经营效率，是企业境外生存的基本保障。

三是基础设施。经营成本也是公司进行农业对外投资的主要考量因素，东道国诸如交通、通讯、水电等重要基础建设，对公司经营成本具有很大的影响（Ibrahim et al.，2019）。具体来说，东道国的基础设施建设主要通过对企业交易成本产生影响，从而决定中国公司海外农业投资的地域选择。一般来看，如果东道国的农业基础设施特别是交通运输与物流基础设施越健全，则中国公司在收集有关数据、运送有关货物和人员往来等方面将会更有竞争力，也有助于公司进一步降低生产成本和交易成本，在国际价格形势基本保持稳定的前提下，通过生产成本下降间接增加投资收益率，从而对我国农业企业对外投资形成了更大的吸引力。由此可以看出，基础设施建设将对我国农业对外投资区位选择产生正向作用。

基于以上农业对外投资区位选择的理论框架的分析，拟从东道国引资需求、企业投资动机和投资环境三个方面构建中国农业对外投资区位选择影响因素的指标体系，如表5-1所示。

表5-1　指标选择和数据来源

层面	变量	指标	数据来源
东道国引资需求	粮食安全情况	食物供应当量（lnX_1）	FAO
	购买力水平	人均GDP（lnX_2）	世界银行
企业投资动机	农业资源	人均耕地面积（X_3）	世界银行
	市场规模	市场规模指数（X_4）	全球竞争力报告
	地缘关系	地理距离（lnX_5）	CEPⅡ数据库
	农业技术水平	谷物单产（lnX_6）	FAO
投资环境	宏观经济稳定性	通货膨胀率（X_7）	世界银行
	政治法治环境	全球治理指数均值（X_8）	世界银行全球治理指数
	基础设施	物流绩效指数（X_9）	世界银行

在被解释变量选择上，使用的是商务部整理的境外投资企业名录数据库。该数据库记录了1983—2015年中国企业在203个国家（地区）的投资情况，涵盖了各行业共计41 715条样本，内容包括证书号、国家/地区、境内外投资主体、境外投资企业、省份、范围、批准时间等。由于2005年之前的样本较少，因此选取2006—2015年十年间的样本，并根据经营范围是否涉及农业，最终筛选出经营农业的2 141家企业信息，投资范围涉及境外116个国家（地区）。为了进一步研究投资农业价值链不同环节的企业在区位选择方面的异同，在总样本基础上，进一步细分该企业主营业务处于价值链产前环节、生产环节还是产后环节。

因为该数据库没有投资金额等方面的信息，所以选取所有涉农企业该年在该国家的投资频次作为被解释变量，在数据处理时，个别指标某年份数据缺失使用前后两年的均值替代，并将食物供应当量、人均GDP、地理距离、谷物单产取对数。样本数据的描述性统计见表5-2。

表5-2 变量描述性统计

变量	样本数	均值	标准差	最小值	最大值
Y_1	1 160	1.85	7.06	0	151
Y_2	1 160	0.24	0.75	0	8
Y_3	1 160	0.31	2.02	0	41
Y_4	1 160	1.29	4.93	0	107
$\ln X_1$	1 040	7.02	0.29	6.11	7.71
$\ln X_2$	1 130	8.33	1.55	5.12	11.45
X_3	1 150	0.25	0.27	0.00	1.87
X_4	930	3.83	1.27	0.33	6.94
$\ln X_5$	1 110	8.94	0.60	6.70	9.87
$\ln X_6$	1 070	7.83	0.75	5.42	10.51
X_7	1 130	7.37	11.44	-25.13	174.86
X_8	1 160	-0.19	0.90	-1.75	1.89
X_9	1 050	2.81	0.59	1.61	4.19

注：Y_1为该国总体被投资频次，Y_2为企业投资于该国产前环节的频次，Y_3为企业投资于该国生产环节的频次，Y_4为企业投资于该国产后环节的频次。

（2）区位优化变量选择。在区位优化方面，从系统性、科学性和可操作性原则出发，构建价值链环节细分下的投资区位优化评价指标体系，如表5-3所示。其中，一级指标包括东道国引资需求、东道国资源优势、东道国市场优势、东道国地缘优势、东道国技术优势、东道国营商环境六个方面。东道国引资需求包括粮食安全、经济发展和就业水平；东道国资源优势包括耕地资源、水资源和劳动力资源；东道国市场优势包括市场规模、市场开放程度、市场成长性以及在该国的投资基础；东道国地缘优势包括地缘政治、地缘经济和地缘文化；东道国技术优势包括农业技术水平和人力资本；东道国营商环境包括政治法治环

境、经济稳定性、物流基础设施、通信设施和营商便利度。为充分考虑
2019 年以来突发的新冠疫情对各国社会、经济与农业发展的影响，即
受疫情防控影响，一些国家 2019 年之后个别指标与之前相比变化明显，
所有指标数据采用数据来源中可查询到的最近 5 年的均值数据，个别指
标缺失值使用前一年份数值替代，营商便利度指数只有 2019 年数据，
中国外交伙伴关系等级、有无双边投资或贸易协定根据截至 2021 年的
最新情况判别，地理距离为不变数值。

表 5-3　指标体系与数据来源

一级指标	二级指标	具体指标选择	数据来源	年份
东道国引资需求	粮食安全	粮食供应当量	FAO	2015—2019
	经济发展	人均 GDP	世界银行	2016—2020
	就业水平	就业率	世界银行	2015—2019
东道国资源优势	耕地资源	人均耕地面积	世界银行	2014—2018
	水资源	地均水资源拥有量	世界银行	2013—2017
	劳动力资源	农业就业人数占比	世界银行	2015—2019
东道国市场优势	市场规模	市场规模指数	全球竞争力报告	2014—2018
	市场开放程度	商品贸易/GDP	世界银行	2016—2020
	市场成长性	GDP 增长率	世界银行	2016—2020
	在该国投资基础	对外直接投资存量占比	对外投资统计公报	2016—2020
东道国地缘优势	地缘政治	中国外交伙伴关系等级	中国外交部网站	2021
	地缘经济	有双边投资或自贸协定取 1，否则为 0	中国商务部网站、中国自由贸易区服务网	2021
	地缘文化	地理距离	CEPⅡ数据库	—
东道国技术优势	农业技术水平	谷物单产	世界银行	2014—2018
	人力资本	人力资本指数	世界银行	2016—2020
东道国营商环境	政治法治环境	全球治理指数均值	世界银行	2016—2020
	经济稳定性	通货膨胀率	世界银行	2016—2020
	物流基础设施	物流绩效指数	世界银行	2014—2018
	通信设施	每百万人安全互联网服务器	世界银行	2016—2020
	营商便利度	营商环境便利度指数	Doing Business	2019

进一步地，在分析中国农业对外投资影响因素的基础上，使用层次分析法评估价值链不同环节的农业对外投资候选区位，首先需建立评价指标体系。根据对影响因素的分析，有效率的农业对外投资是企业、投资国和东道国三方需求都得到满足从而达成互利共赢的结果，并受到来自东道国、企业自身以及投资环境等方面的综合动因驱动。结合上述分析框架，本章指标体系的建立主要出于三个方面的考虑：一是企业的投资动机，对应东道国的资源、市场、地缘和技术优势；二是东道国的宏观环境是否适合开展农业对外投资；三是东道国的投资机会，是否具有强烈的吸引外资的需求促进其农业技术、就业水平的提高以及经济的发展等。一般来说，迫切需要引进外资的国家会出台更多的政策、制度吸引外资流入。下面将从东道国引资需求、东道国资源优势、东道国市场优势、东道国地缘优势、东道国技术优势、东道国营商环境六个方面具体分析各个指标的选取依据。

东道国引进农业外资的需求能够侧面反映在该国的投资机会。之所以设立引资需求相关的指标，是考虑到欠发达国家可能不具备良好的投资环境，也难以满足企业的投资战略动机，但应该适度考虑其投资机会与潜力以及东道国政策的吸引力等。相关研究表明，缺乏投资已被确定为发展中国家处理粮食危机、保障粮食安全的关键挑战（Hallam，2009）。根据 Jiang 等（2020）的研究，发展中国家具有更高的引进外商农业投资的需求，引进农业外资能够在当地创造就业机会，促进农民收入的增长（Williams，2015），满足发展中国家日益增长的食品需求（Lampietti，2011），减少营养不良（Soriano，2016）。许多发展中国家开始积极引进农业外资，包括资本、技术和管理经验等，将其作为获取资本与技术的一个机会，以期能够提高本国农业生产力，满足农业发展需求（Kaarhus，2018）。因此，研究认为，一国引进农业外资的需求主要受到以下因素的影响：

一是粮食安全情况。充足的粮食供给是粮食安全的基础和前提（姜小鱼等，2021）。农业投资是解决粮食安全问题的有效途径，促进了东道国农业生产率和粮食供给能力的提高（王琦，2016）。采用粮食供应当量指标衡量东道国粮食安全水平，粮食供应当量是 FAO 数据库中评估全球和国家营养不良程度的重要指标，测算的是国家能够保障每人每天多少千卡的基本作物摄入。粮食供给水平越低的国家，越具有引进和利用农业外资的需求。

二是经济发展水平。经济发展水平是决定一国引进外资或对外投资的重要指标。按照 Dunning（1981）的国际资本发展周期理论，一国的国际投资规模与其国民经济发展水平有很大的关系，平均国民生产总值越高，其外国直接投资总量也越大；相反，当一国经济发展水平越低，对外的直接投入就越小，引进外商投资的需求越大。因此，使用人均 GDP 指标反映一国经济发展程度，认为人均 GDP 与东道国引进外资的需求负相关。

三是就业水平。吸纳就业是一国引进外资的重要动因。有关研究指出，通过外商在当地投资设厂，创办更多的企业，可以扩大就业岗位并缓解了当地部分劳动者特别是女性的就业问题，也间接增加了当地的经济收入水平（裴玲玲，2019）。采用模拟劳工组织估计的就业人口比率衡量一国的就业水平，一般认为，一国就业率越低，该国越具有引进外商农业投资的需求。

利用当地优势资源获取生产原料以满足境内企业的生产是企业开展农业对外投资的重要原因。受制于国内农业资源的约束，我国部分农产品如大豆等依赖进口，凸显出充分利用国内国际两个市场、两种资源保障国家粮食安全的重要性。而东道国的耕地、劳动力等农产品资源越是丰富，外国投资者为获取相应资源所花费的成本就越小，所以在农产品资源充足的地方便更易于获得中国企业投资（姜小鱼等，2017）。本研究认为，东道国农业资源优势体现为耕地资源、水资源和劳动力资源的丰裕程度。

一是耕地资源。土地资源是保证粮食安全的最重要物质条件，很大程度上决定了农业开发潜力和产能提升空间。在中国当前日趋复杂的国内情势下，中国还存在着耕地资源不足、备用农田资源极度缺乏的基本国情（曹冲，2021）。农业对外投资成为合理利用国外耕地资源、保障农产品有效供给的新选择。使用人均耕地面积指标衡量东道国耕地资源禀赋，东道国人均耕地资源越丰富，越吸引资源导向型企业的投资。

二是水资源。水资源作为一种重要的农业资源，关系着农业生产能否顺利开展。显然，若东道国水资源不足，将显著增加生产环节的农业对外投资风险，影响农业产出和企业收益。使用地均水资源拥有量指标衡量东道国的水资源丰裕程度，东道国水资源越丰富，越有利于企业在当地从事农业生产投资。

三是劳动力资源。劳动力资源是农业对外投资区位选择的又一重要因素。农业劳动力丰富的地区往往意味着较低的雇佣成本（姜小鱼等，2018）。采用农业就业人数/就业总数指标测度东道国农业劳动力的丰富程度。农业劳动力资源越丰富，劳动力成本越低，越吸引企业开展农业对外投资。

部分企业为了绕开农产品贸易壁垒等相关政策的影响，选择通过农业对外投资的方式在海外设立子公司，拓展国际农产品市场，通过产销衔接的方式满足东道国的农产品需求，并获得相应利润。以市场为导向的企业更看重东道国的市场规模、市场开放程度和市场增长潜力等方面。

一是市场规模。农产品具有需求刚性，市场规模大的国家农产品的需求量更大（操龙升，2017）。采用世界经济论坛发布的全球竞争力报告中的市场规模指数衡量东道国的市场规模，认为市场规模越大的国家越适合投资。

二是市场开放程度。一般来说，相对开放的市场更加欢迎外资流入。在国内市场接近饱和、人工成本不断上涨的情况下，越来越多的企业选择开辟国际市场（王永春等，2015）。采用商品贸易占GDP的百分比衡量一国的市场开放程度，开放程度高的市场企业投资的便利度也相对较高。

三是市场成长性。全球人口的增长将拉动全球粮食及其他农产品消费的持续增长（金三林，2018）。采用 GDP 增长率衡量东道国的市场成长性和潜力，认为东道国市场潜力越大，越适合中国农业企业前往投资。

四是在该国的投资基础。已有投资经验可以为后来的企业投资提供重要的经验借鉴，利于企业快速适应东道国的相关政策法规。此外，中国在该国的投资基础雄厚也意味着该国对于中国企业投资的接受程度较高（关昕，2021）。采用中国在该国的对外投资存量/中国对外投资总存量衡量中国在东道国的投资基础。

农业对外投资作为一种战略性较强、投资方式特殊的国际农业合作项目受到国际社会的广泛关注，并深受地缘关系因素的影响（韩璟等，2018）。在地缘关系的内涵与构成方面，当前学术界普遍认为地缘关系分为地缘政治、地缘经济和地缘文化等几个重要方面（韩璟等，2020）。

一是地缘政治。目前国有企业是中国农业对外投资的重要主体，中国对发展中国家的农业对外投资行为兼具援助和经济合作的性质，使得中国国有企业面临较大的地缘政治竞争压力（余莹，2015）。有研究认为，跨国投资者面临的地缘政治风险超越了东道国的政治、治理等风险（刘文革等，2019）。采用外交部网站发布的中国外交伙伴关系，将两国的地缘政治关系分为 6 个等级。

二是地缘经济。除地缘政治外，中国同东道国的双边经贸关系也会显著影响中国对外投资区位决策（王丰龙等，2019）。根据中国是否与东道国签署双边投资或贸易协定判断双边地缘经济关系，已签署双边经贸协定的东道国更适合中国企业投资。

三是地缘文化。一般而言，两国的文化、心理上差异越大，则交流、沟通、管理、控制的成本就越大，所以企业通常会优先选择和中国相距比较近的城市和地方进行合作投资（姜小鱼等，2017）。采用地理距离衡量我国与东道国的地缘文化相近程度，两国地理距离越远，文化差距越大，将增加企业的沟通成本。

战略资产导向型的企业看重的是东道国的战略资源，包括农产品生产的关键技术、标准、人力资本、知识产权等无形资产，这些战略资源对企业的生产和发展具有重要的作用且影响深远。农业企业通过设立子公司或选择参股合作等方式获取东道国的战略资源，增强企业的竞争力。因而，相对于中国来说，东道国战略资源越充裕，企业开展农业对外投资的动机越强。东道国的战略资源主要包括：

一是农业技术水平。一些企业选择发达国家开展投资，为的是掌握国际发达的农业科技与管理经验，并跟踪国际前沿科技，以提升农业的技术含量，促进技术成果的产业化和商品化（Jarrett et al.，2015）。采用谷物单产指标衡量各国的农业技术水平，农业技术水平高的国家具有较高的生产能力，能够增加企业的利润。

二是人力资本。由于发达国家对于农地交易和农业对外投资的门槛较高，因此对这些国家的投资宜采用并购的方式，与当地企业合作（金三林，2018）。东道国企业的管理经验和人力资本是中国农业企业考虑的重要方面。采用世界银行公布的人力资本指数衡量东道国的人力资本情况。人力资本指数计算健康和教育对工人生产力的贡献，指数最后得分范围为从 0 到 1。人力资本水平越高，该国的劳动力质量越高，越适合企业投资。

东道国营商环境的优劣关系着企业开展农业对外投资面临的风险（宋洪远等，2014）。当前研究认为，营商环境包括政治经济环境、社会法律环境、信息和服务、基础设施等方面（夏昕鸣等，2020）。本书从以下方面评估东道国的营商环境：

一是政治法治环境。政局稳定、政府效率高、法制健全的国家拥有较好的投资环境，会减少企业投资过程中的政治、法律和社会风险（Carril‐Caccia et al.，2019）。采用世界银行全球治理指数测度各国的政治和法治环境。为方便后续计算，将各分类指标值加总再取均值，将该均值作为衡量各国政治和法治环境的一般指标。政治法治环境越稳定，企业对外投资的风险越小。

二是经济稳定性。进行对外直接投资的企业希望得到稳定的经济回报，东道国经济环境的稳定性是其考虑的重要因素（Moghadam et al.，2019）。采用通货膨胀率测度东道国的经济波动情况。一般说来，一国通货膨胀率越低，表明宏观经济越稳定，投资环境越有利。

三是物流基础设施。基础设施的优劣是评估东道国投资环境的重要方面（Ibrahim et al.，2019），尤其是物流基础设施状况。若一国物流基础设施太差，会显著增加企业的运输成本，制约投资项目的顺利进行。采用物流绩效指数衡量各国基础设施情况，分数越高代表物流绩效越好，对投资者越有利。

四是通信设施。农业企业对外投资需要信息与资源的流动和互动，共享农业产业信息、相关技术与管理经验，从而进一步熟悉公司所在国的农业发展状况、国际经贸规则等，降低了信息不对称问题在公司海外融资流程中产生的负面影响（陈伟等，2020）。采用每百万人安全互联网服务器数量衡量一国的通信设施情况。该指数能够反映企业使用设备、云服务和数据分析资源的便利性，安全互联网服务器覆盖范围越广，该国的营商环境越好。

五是营商便利度。已有研究指出，营商环境的便利化已成为国内外经贸合作的基础和起点（汪泰等，2020）。采用营商环境便利度指数衡量东道国的营商便利度，它反映了创办企业的难易和企业获得电力、纳税、跨境交易、执行合同等活动的便利性。指数越高，营商环境越好，企业的运营成本越小。

5.2.2　研究方法

（1）面板计数模型。被投资频次作为取非负整数值的离散计数数据，不满足 OLS 线性回归模型等方差和正态分布的应用前提，而计数模型则能解决这一问题（张凤兵等，2019），因此使用面板计数模型研究中国企业农业对外投资区位选择的影响因素。计数模型有泊松回归、负二项回归等几种典型形式。设定泊松分布的概率分布函数式为：

$$pr(p_{it}) = f(p_{it}) = \frac{e^{-\lambda_{it}} \lambda^{p_{it}}}{p_{it}!} \qquad (5-1)$$

与本书采用的数据相对应，式（5-1）中，p_{it} 为国家 i 在年份 t 的被投资频次，服从参数为 λ_{it} 的泊松分布，λ_{it} 与决定被投资频次的解释变量 X_{it} 间存在函数关系：

$$\lambda_{it} = \exp(X_{it}, \beta) \qquad (5-2)$$

进一步，式（5-2）的通常形式可设定为 $\log\lambda = X_{it}\beta$，$\beta$ 为待估参数，由此可得到样本函数的对数似然函数：

$$L(\beta) = \sum_{i=1}^{N} \sum_{t=1}^{T} (p_{it}! - e^{X_{it}\beta} + p_{it}X_{it}\beta_{it}) \qquad (5-3)$$

式（5-3）中，解释变量 X_{it} 包括粮食供应情况、购买力水平、农业资源、市场规模、地缘关系、农业技术水平、宏观经济稳定性、政治法治环境、基础设施等影响因素。

泊松分布中，对因变量投资频次的条件期望和条件方差系数设定方式为：

$$E(p_{it}|X_{it}\beta) = V(p_{it}|X_{it}\beta) = \lambda_{it} \qquad (5-4)$$

模型计算中，往往会出现零值因变量问题和过度分散问题（Cincer，1997）。因为我国对部分发展中国家的投入数量过少，在很多年份中可能没有实际投资数量，也可能出现了取值大于零的因变量数量过多。一般最常见的解决方式即引入固定效应的负二项式模型或零膨胀负二项式模型。过于分散问题体现在式（5-4）所规定的指标平均数大于标准平均值的情况通常较难实现，即样本信息中投资频次的指标平均值会远大于条件期望，从而使得标准误差的估计值严重小于实际值。

解决过度分散问题，一般有两个办法：一是保持式（5-4）中条件均值不变，而将条件方差设定为与条件均值不同（张鸿武等，2016），其所设定的方差形式如下：

$$V(p_{it}|X_{it}, \beta) = e^{X_{it}\beta} + \alpha e^{2X_{it}\beta} \qquad (5-5)$$

可对式（5-5）中的 α 值进行验证：当 $\alpha \neq 0$ 时，表明存在过度分散问题，因而使用普通泊松分布进行估计是不太合适的。

其二是使用泊松拟似然（*PQML*）估计量。Wooldridge（2002）证明：只要条件均值设定是正确的，在无需对条件方差设定形式施加任何约束的情况下得到的 *PQML* 估计量是渐近一致估计量。若条件方差遵从式（5-5）的负二项式分布设定，此时得到的负二项式参数估计值比 *PQML* 估计量更有效，否则，*PQML* 估计量的一致性更好。

（2）层次分析法。我国对外直接投资区位的适宜度评估属于综合评价，在总体评估方法中，常采用德尔菲分析法、因子分析法、主成分分析法和熵值法等，但这些方法都有各自使用的条件，各自存在一些问题和不足。实际中，应该结合评价的目的、评价指标体系的特点和数据特点选取适合的评价方法。德尔菲法是指经过对众多专家学者的相对独立的反复主观评估，得出比较客观的信息、看法和观点（郑沃林等，2019）。这种方式简单、直观性好，但其估算价值的原始数据是由评估师通过进行主观评估得出，客观性较差；主成分分析或因子分析法，是用少数一些要素去描述各个目标或要素间的关系，将相关性比较密切的一些因子归到同一类中，以相对而言较少的一些要素代表原始资料的最重要内容（孙乐等，2021）。因子分析的一个前提是评价指标间必须具有很强的相互联系，但我国对外重要区域的几个评价指标的相互联系并非很强，公共因素较难考虑；熵权法通过统计指数的信息熵，并通过指数的相应波动幅度及其对系统总体的作用来确定指数的重量，相对而言波动幅度较大的指数往往拥有很大的权重（温薇等，2022）。该方法强调权重的客观性和分类，仅依赖于数据本身的离散性，并没有根据属性的实际意义设定权重，也无法反映决策者对不同属性的关注程度，因此有时会发生所设定的权重和属性的真正重要意义不符现象，导致实际解释性较差。根据以上主、客体赋权法的各种特点，相比较而言，层次分析法不失为农业对外投资适宜区位评价的较好方法。层次分析法是定量分析与定性分析相结合的研究方法，能够将一些无法定量考察的主观因素转化为定量因素计算。利用各个指数间的两两相互对比，判断各个层次中各影响因素的比较重要性，由此判断不同指数的权重，为企业决策提供政策建议。农业对外投资涉及多方主体，区位影响因素盘根复杂，而层次分析法适用于处理类似复杂的决策问题。

首先，建立层次分析模型。通常，结构模式按照政策总体目标、政策原则以及与政策内容关系的交互关联分为总体目标层（最高层）、原则层（中央层）和办法层（最低层）。最高层级是指决定的目的、所要处理的问题，中间层是指考虑的要素、判断的标准，而最低层级则是指决定中的方法。与之对应，本书建立的层次结构模型如图 5-3 所示，目标层为中国农业对外投资区位优化，准则层包括东道国引资需求（A）、东道国资源优势（B）、东道国市场优势（C）、东道国地缘优势（D）、东道国技术优势（E）、东道国营商环境（F）六个方面，方案层为各准则层下所包含的各项指标。

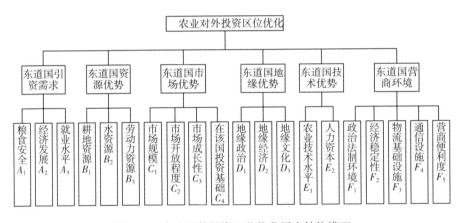

图 5-3　农业对外投资区位优化层次结构模型

其次，构建判断矩阵。通过建立层次结构模型、发放问卷请专家打分的形式，请 10 位该领域的专家判断各项指标对于企业在产前、产中和产后环节开展农业对外投资活动的影响，对同一层次的影响因素进行两两对比，量化各指标的相对重要性。由于各项指标对于价值链不同环节的投资区位选择均有影响，因此，本书采用同一套指标体系，利用各指标对于不同环节影响程度的差异赋予不同权重，分环节评估中国农业对外投资的适宜区位。为方便专家判断，采用 1~5 标度法量化反映指标的相对重要程度，比值越大，该要素与其他要素相比越重要（表5-4）。建立一个成对比较矩阵 $A = (a_{ij})_{n \times n}$，该矩阵满足以下特点：$a_{ij} > 0$；$a_{ij} = 1/a_{ji}$；$a_{ij} = 1$（当 $i = j$ 时）；$i, j = 1, 2, \cdots, n$。

表5-4　矩阵标度及含义

标度a_{ij}	含义
1	i 和 j 相同重要
3	i 比 j 稍微重要
5	i 比 j 明显重要
2，4	表示上述相邻判断的中间值
1/3	i 比 j 稍微不重要
1/5	i 比 j 明显不重要
1/2，1/4	表示上述相邻判断的中间值

再次，对判断矩阵进行一致性检验。由于农业对外投资涉及的影响因素众多，专家在填写调查问卷时可能因为某些主客观原因出现前后矛盾的判断，若出现前后严重不一致的情况可能导致决策错误。例如，A_1 比 A_2 重要（$A_1 > A_2$），且 A_2 比 A_3 重要（$A_2 > A_3$），则 A_1 亦比 A_3 重要（$A_1 > A_3$），即 $A_1 > A_2 > A_3$。若出现 A_1 不如 A_3 重要（$A_1 < A_3$）的情况，则可认为前后判断不一致。为避免该种情况的发生，需要对判断矩阵进行一致性检验，修正不一致的判断，直到判断矩阵通过一致性检验。通常采用一致性指标 CI 测度矩阵的一致性：

$$CI = \frac{\lambda_{\max} - n}{n - 1} \qquad (5-6)$$

其中，$\lambda_{\max}$ 为该判断矩阵的最大特征根，n 为 A 的阶数。当 $CI = 0$ 时，A 具有完全的一致性；CI 接近于 0 时，A 具有满意的一致性；CI 越大，判断矩阵 A 的不一致越严重。考虑到一致性的偏离可能是由于随机原因造成的，因此在检验判断矩阵是否具有满意的一致性时，还需将 CI 和随机一致性指标 RI 进行比较，得出检验系数 CR，公式如下：

$$CR = \frac{CI}{RI} \qquad (5-7)$$

$$RI = \frac{CI_1 + CI_2 + \cdots + CI_n}{n} \qquad (5-8)$$

一般地，如果 $CR<0.1$，则认为该判断矩阵通过一致性检验，否则就不具有满意一致性。其中，RI 为判断矩阵 A 的随机一致性指标，与矩阵的阶数成正比，其对应关系如表 5-5 所示。

表 5-5　平均随机一致性指标 RI 的标准值

矩阵阶数	1	2	3	4	5	6	7	8	9	10
RI	0	0	0.58	0.90	1.12	1.26	1.36	1.41	1.46	1.49

最后，计算各个指标的权重。将该判断矩阵任一列或任一行向量归一化就得到所需的权重向量，各个指标的权重分配见表 5-6。整体来看，资源优势在产前、产中环节的权重占比高于产后环节，技术优势在产前、产后环节的权重占比高于产中环节，营商环境在产后环节的权重占比高于产前和产中环节，其余指标对价值链各环节农业对外投资的影响程度无明显差异。除东道国技术优势下仅包括农业技术水平和人力资本两个指标，无需进行一致性检验外，细分产前、产中、产后环节的准则层和方案层共 18 个判断矩阵均通过一致性检验，即 $CR<0.1$。

表 5-6　权重计算结果

指标	产前环节	产中环节	产后环节
粮食安全	0.053 5	0.058 3	0.040 2
经济发展	0.038 7	0.032 6	0.061 4
就业水平	0.040 3	0.038 6	0.033 9
耕地资源	0.066 0	0.088 5	0.023 7
水资源	0.043 7	0.061 0	0.023 2
劳动力资源	0.084 1	0.060 8	0.056 2
市场规模	0.031 3	0.036 9	0.044 4
市场开放程度	0.037 0	0.030 2	0.038 8
市场成长性	0.045 4	0.043 6	0.038 9
在该国投资基础	0.046 1	0.043 8	0.057 5

（续）

指标	产前环节	产中环节	产后环节
地缘政治	0.087 4	0.088 4	0.087 0
地缘经济	0.052 2	0.058 9	0.057 9
地缘文化	0.038 7	0.049 3	0.043 0
农业技术水平	0.090 4	0.059 6	0.060 4
人力资本	0.056 2	0.051 6	0.081 1
政治法治环境	0.059 9	0.057 2	0.066 1
经济稳定性	0.029 9	0.037 0	0.038 9
物流基础设施	0.025 5	0.030 5	0.042 6
通信设施	0.021 0	0.017 9	0.031 2
营商便利度	0.052 7	0.055 1	0.073 5

注：表中权重值为四舍五入结果。

5.3　结果分析

5.3.1　价值链各环节对外投资区位选择的影响因素分析

基于上文分析，用面板计数模型进行估计，主要结果见表 5-7。首先，估计结果表明投资频次数据明显存在过度分散问题。负二项式模型中过度分散参数 α 的 95% 置信区间为 [1.66，2.77]，故拒绝"H_0：$\alpha=0$"，认为存在过度分散，表明普通泊松分布设定的均值与方差相等的条件不成立，使用负二项回归可以提高效率。此外，由于中国在部分国家投资次数过少，许多年份可能没有投资数据，会遇到取值为 0 的因变量太多，存在 0 值因变量问题，因而，相比普通泊松分布模型，固定效应负二项式模型更适用于估计样本数据。其中模型 1 为总样本回归，模型 2 为产前环节样本回归，模型 3 为生产环节样本回归，模型 4 为产后环节样本回归。

根据计量结果，可以得出：

第一，整体来看，中国涉农企业倾向于向经济稳定性较好，购买力水平高且治理相对薄弱的国家或地区投资。一方面，随着我国开放程度的提升和产业整体实力的增强，更多的公司不再拘泥于单纯进行附加值较小的农业生产环节的经营，选择同时经营加工、物流、仓储、销售等多种业务，这也显示出从事境外农业投资的中国企业对全球农业价值链布局的重视，客观上需要东道国具备良好的经济环境。另一方面，企业在东道国开展农业生产主要是通过土地购买、租赁等方式进行，该方式具有较强的政治敏锐性，企业会选择绕开制度体制相对完善、政策透明、治理相对严格的国家和地区。

表 5 - 7　固定效应负二项回归结果

自变量	模型 1	模型 2	模型 3	模型 4
$\ln X_1$	1.610 4 ** (0.675 4)	1.289 4 (2.641 1)	2.819 6 (2.455 7)	2.549 5 *** (0.926 1)
$\ln X_2$	0.845 1 *** (0.148 4)	1.191 3 *** (0.447 7)	0.513 5 (0.365 8)	0.869 5 *** (0.163 3)
X_3	−0.863 5 * (0.445 4)	−2.944 2 ** (1.421 6)	−6.257 2 *** (2.138 2)	−0.535 5 (0.500 1)
X_4	0.119 9 (0.083 0)	0.490 5 ** (0.245 5)	0.712 4 *** (0.240 0)	0.093 1 (0.089 5)
$\ln X_5$	0.149 5 (0.223 0)	1.984 5 (1.590 7)	−4.297 7 * (2.599 0)	0.080 6 (0.249 7)
$\ln X_6$	−0.053 5 (0.237 6)	0.654 8 (0.634 0)	0.375 7 (0.574 7)	0.092 6 (0.264 9)
X_7	−0.017 9 ** (0.007 0)	−0.007 1 (0.014 6)	0.009 3 (0.011 1)	−0.030 8 *** (0.008 1)
X_8	−1.014 0 *** (0.250 0)	1.061 5 (0.960 9)	0.472 3 (0.710 2)	−0.837 4 *** (0.287 2)
X_9	0.352 7 (0.333 1)	2.339 7 *** (0.828 5)	1.155 3 (0.742 3)	0.169 4 (0.386 4)
N	850	530	440	810

注：***、**、*分别表示系数在 1%、5%、10%的显著性水平下成立，括号内的数值为标准差。

　　第二，产前环节的投资主要投向资源短缺、市场规模大、基础设施完善、经济发展水平较高的发达国家。较为典型的是中国对新加坡、日本、韩国等国家在育苗、农资生产、农机制造、技术研发等方面的投资。这些国家通过提高农业技术水平和单位面积的产量来缓解人多地少的矛盾、满足国内粮食需求。向这些发达国家投资、学习和吸收先进的技术和管理经验更加符合中国的国情。

第三，农业生产环节的投资主要投向耕地资源相对匮乏、市场规模较大且与中国地理距离较近的国家。中国企业在种植、农产品初加工等环节的投资集中于东南亚等周边国家。这主要是受地缘关系的影响。由于农业生产环节的投资具有高度的敏感性，以土地权属转移为主要方式的农业对外投资受到国际社会的质疑而不易开展。而东南亚等周边国家水热条件较好、适宜热带经济作物种植，且与中国文化差异较小，企业更易进入东道国市场并雇佣当地劳动力开展农业生产，是中国企业在前期"走出去"的理想区位，也符合技术创新产业升级理论中企业会首先向周边国家投资的规律。

第四，产后环节的投资主要投向经济环境较好、购买力水平较高的国家或地区。从事产后环节的企业经营的大多是经过精深加工和包装的农产品，而不再是生活必需品。如中国企业对日本、韩国水产品的投资，对法国葡萄酒的投资、对俄罗斯木材的精深加工、对澳大利亚农场和牧场的投资等，其经营销售的农产品需要东道国有一定的购买和消费能力，而不单单只是追求市场规模。

5.3.2　稳健性检验

本书通过变换指标检验模型的稳健性。在基准模型中，本书用粮食供应当量这一指标衡量东道国粮食安全情况，在稳健性检验中，使用营养不良发生率这一指标替代粮食供应当量。对比来看，粮食供应当量侧重的是东道国的粮食供应能否满足基本需求，而营养不良发生率可以看作衡量更高层次的粮食安全的指标，不仅仅是数量上的满足，还包括食物的营养和吸收情况，两者呈负相关关系。稳健性检验结果如表 5 - 8 所示。与基准模型结果相比，各指标的系数和显著性水平没有发生明显变化，实证结果具有稳健性。

表5-8　稳健性检验回归结果

自变量	模型1	模型2	模型3	模型4
X_1	−0.040 5**	−0.050 0	−0.078 8*	−0.039 2*
	(0.017 7)	(0.054 0)	(0.040 6)	(0.020 2)
$\ln X_2$	0.587 7***	0.918 4	0.021 5	0.524 0***
	(0.170 2)	(0.576 3)	(0.396 0)	(0.186 3)
X_3	−0.953 1**	−3.177 7*	−5.892 5***	−0.549 4
	(0.468 4)	(1.731 3)	(2.183 5)	(0.527 9)
X_4	0.157 2*	0.434 0*	0.739 9***	0.149 4
	(0.085 6)	(0.253 3)	(0.251 5)	(0.092 3)
$\ln X_5$	−0.112 6	1.505 7	−4.651 0*	−0.294 8
	(0.217 6)	(1.927 5)	(2.505 1)	(0.232 2)
$\ln X_6$	−0.040 5	0.596 5	0.576 5	0.156 8
	(0.240 2)	(0.646 3)	(0.588 7)	(0.264 9)
X_7	−0.023 0***	−0.021 3	0.006 8	−0.027 7***
	(0.007 6)	(0.017 3)	(0.012 7)	(0.008 3)
X_8	−1.230 0***	0.887 6	0.019 3	−1.180 5***
	(0.237 1)	(0.991 0)	(0.761 4)	(0.261 7)
X_9	0.489 7	2.373 9***	1.226 3	0.467 9
	(0.339 7)	(0.855 2)	(0.744 5)	(0.386 0)
N	800	500	400	760

注：***、**、*分别表示系数在1%、5%、10%的显著性水平下成立，括号内的数值为标准差。

5.3.3　价值链各环节适宜投资区位分析

采用层次分析法，请10位该领域专家从东道国引资需求、资源优势、市场优势、地缘优势、技术优势、营商环境方面综合评估了各项指标的相对重要性，将各项指标进行0～1标准化处理后，按照层次分析法得到的各项指标的权重加总后，得到各国投资适宜性的最终得分，得分越高的国家越适宜企业投资。受数据可得性的限制，评估结果共涵盖了131个全球主要国家和地区，评估结果如表5-9所示。

表5-9　产前环节的适宜投资目标国及排名

排名	国家	得分	排名	国家	得分
1	澳大利亚	0.576 4	14	比利时	0.528 5
2	丹麦	0.560 9	15	哈萨克斯坦	0.528 1
3	荷兰	0.560 6	16	瑞士	0.525 1
4	新西兰	0.559 4	17	奥地利	0.521 3
5	英国	0.554 3	18	波兰	0.520 4
6	加拿大	0.544 5	19	塞尔维亚	0.509 7
7	德国	0.543 2	20	美国	0.506 9
8	越南	0.542 8	21	俄罗斯	0.506 7
9	匈牙利	0.540 7	22	泰国	0.504 6
10	马来西亚	0.539 9	23	葡萄牙	0.504 3
11	韩国	0.537 6	24	西班牙	0.502 7
12	法国	0.534 3	25	意大利	0.500 0
13	捷克共和国	0.530 5			

注：本表展示的为综合评估得分0.5及以上的国家。

　　总体而言，产前环节的适宜投资区位具有较强的集聚性，发达国家的投资适宜性明显高于发展中国家。产前环节最具有投资吸引力的国家集中在北美洲和大洋洲，如加拿大、美国、澳大利亚、新西兰等，以及欧洲地区，如丹麦、荷兰、英国、德国、匈牙利、法国、俄罗斯等，这些国家的得分均在0.5以上。此外，亚洲的一些发达国家以及与中国毗邻的发展中国家也适宜企业投资，如越南、韩国、马来西亚、哈萨克斯坦、泰国等。综合得分在0.3以下的国家集中在非洲，如冈比亚、乍得、布基纳法索、毛里塔尼亚、利比里亚等，以及美洲的部分小国，如海地、洪都拉斯、危地马拉等。显然，发达国家更具有土地资源和技术优势，政治和宏观经济环境稳定，法律制度和基础设施健全，市场规模大，劳动力市场效率更高。这些国家能够满足企业的主要投资动机，面临的法律风险较小，有利于企业长期获得稳定的投资回报。反之，发展中国家的治理和基础设施薄弱，市场发育尚不充分，环境因素更加不稳定，且农业技术水平、农业单产较低，导致企业的投入成本较高，区位优势不明显，较难吸引企业投资。

表 5 - 10　产中环节的适宜投资目标国及排名

排名	国家	得分	排名	国家	得分
1	澳大利亚	0.583 5	16	波兰	0.527 2
2	新西兰	0.577 9	17	俄罗斯	0.524 5
3	马来西亚	0.566 2	18	捷克共和国	0.523 4
4	丹麦	0.563 1	19	泰国	0.520 2
5	英国	0.562 9	20	西班牙	0.517 4
6	加拿大	0.550 9	21	葡萄牙	0.516 1
7	韩国	0.549 4	22	比利时	0.515 1
8	越南	0.549 4	23	塞尔维亚	0.513 2
9	哈萨克斯坦	0.543 0	24	意大利	0.513 1
10	荷兰	0.542 1	25	智利	0.509 1
11	德国	0.541 6	26	爱尔兰	0.509 0
12	法国	0.540 5	27	美国	0.505 7
13	瑞士	0.537 5	28	印度尼西亚	0.504 3
14	匈牙利	0.533 2	29	日本	0.504 0
15	奥地利	0.528 9	30	哥斯达黎加	0.501 9

注：本表展示的为综合评估得分 0.5 及以上的国家。

农业对外投资生产环节的适宜区位集中在西欧、北美洲、大洋洲，以及周边经济发展水平较高的国家，如日本、韩国、俄罗斯等（表 5 - 10）。对比产前环节的评估结果，两者没有显著的差异。这主要是因为相比工业、制造业等产业，全球农业价值链各环节的分离程度不高。农业产业事关国计民生，为保障国内粮食安全，各国并不会将附加值较低的农业生产环节"外包"出去，而会选择加强对农产品研发、农业种植、农产品收购、粮食深加工、仓储与物流、农产品销售等各环节的控制能力。因此，一般来说，全球农业生产大国在价值链各环节都具备优势。

与产前环节相比，东南亚与南美等部分国家更适宜企业从事农业生产，如印度尼西亚、智利、哥斯达黎加等。究其原因，以土地权属转移为主要投资模式的农业生产环节投资更看重东道国的资源禀赋，也面临更大的国际舆论压力。在这些国家中，印度尼西亚更具备地理优势，与中国的文化差异较小。根据 Cantwell（1989）的技术创新产业升级理论以及中国农业"走出去"的实际情况，东南亚等周边国家是中国企业开展农业对外投资的首选地区，中国在该地区已具备较强的投资基础，从事高敏感性的农业生产面临的阻力较小。而南美洲国家农业相对发达，是世界上主要的农产品出口地区，与中国的农业互补性强。得益于"一带一路"倡议的推进，中国企业在南美洲的投资规模不断扩大，领域不断拓宽。基于南美洲丰富的农业资源，广泛的基础设施需求，良好的经济形势，健全的法律制度，稳定的政局，投资激励措施等因素，中国投资者将有大量投资空间和机会。

与产前和产中环节相比，产后环节的适宜投资区位进一步扩大（表 5-11）。除西欧、北美、澳新等传统优势地区外，亚洲和欧洲是农产品主要进口和消费地区。根据 Dunning（1998）对企业对外投资动机的划分，从事产后环节投资的企业大多是为了进入当地市场，拓展海外业务，属于市场寻求型。在中国农业"走出去"的代表性企业中，中粮集团就是以从事农产品贸易起家的，其农产品输出地就主要布局在亚洲和欧洲地区，这些国家不断增长的农产品消费需求是中粮集团海外业务不断扩张的关键。从评估结果看，北欧地区，如挪威、瑞典、芬兰，东欧地区，如保加利亚、乌克兰、克罗地亚、罗马尼亚等，南亚地区，如印度、巴基斯坦，西亚地区，如阿曼、以色列，中亚地区，如塔吉克斯坦、吉尔吉斯斯坦等国家国内农产品消费需求大，适合中国企业从事农产品深加工、农产品销售等业务，非洲经济发展相对较好的国家，如南非等也适合中国企业投资。农产品精深加工、物流、农产品销售等产后环节的附加值较高，从全球范围看，许多国家存在农产品供需缺口，中国企业扩大对农产品产后环节的对外投资大有作为。

表5-11　产后环节的适宜投资目标国及排名

排名	国家	得分	排名	国家	得分
1	澳大利亚	0.645 9	29	立陶宛	0.549 3
2	英国	0.622 2	30	瑞典	0.548 1
3	马来西亚	0.622 2	31	爱沙尼亚	0.546 5
4	越南	0.617 7	32	保加利亚	0.544 9
5	韩国	0.613 5	33	智利	0.541 9
6	荷兰	0.610 7	34	土耳其	0.540 5
7	丹麦	0.608 4	35	希腊	0.540 2
8	德国	0.608 1	36	斯洛文尼亚	0.539 0
9	加拿大	0.608 0	37	斯洛伐克共和国	0.537 9
10	哈萨克斯坦	0.603 7	38	芬兰	0.536 8
11	匈牙利	0.602 2	39	乌克兰	0.534 5
12	俄罗斯	0.599 5	40	巴基斯坦	0.531 5
13	波兰	0.599 2	41	克罗地亚	0.528 7
14	新西兰	0.599 1	42	阿曼	0.528 2
15	法国	0.597 4	43	罗马尼亚	0.527 1
16	捷克共和国	0.595 4	44	沙特阿拉伯	0.524 9
17	泰国	0.595 0	45	美国	0.524 7
18	西班牙	0.580 7	46	挪威	0.519 4
19	奥地利	0.576 0	47	吉尔吉斯斯坦	0.514 3
20	比利时	0.575 9	48	缅甸	0.512 9
21	葡萄牙	0.572 9	49	塔吉克斯坦	0.512 2
22	塞尔维亚	0.569 7	50	秘鲁	0.511 8
23	意大利	0.568 4	51	柬埔寨	0.510 9
24	瑞士	0.566 8	52	哥斯达黎加	0.510 7
25	印度尼西亚	0.561 5	53	以色列	0.509 4
26	日本	0.559 1	54	南非	0.507 6
27	印度	0.557 9	55	塞浦路斯	0.506 1
28	蒙古国	0.554 2	56	斯里兰卡	0.501 7

注：本表展示的为综合评估得分0.5及以上的国家。

5.4 本章小结

本章利用商务部境外投资企业名录数据库，采用固定效应负二项回归模型定量考察了中国涉农企业对外投资区位选择的影响因素。结果指出，中国涉农企业对外投资区位选择受到东道国引资需求、企业投资动机以及东道国投资环境等多种因素影响，倾向于向经济稳定性较好，购买力水平高的国家或地区投资。价值链不同环节的农业对外投资区位选择具有差异性。产前环节主要投向资源短缺、市场规模大、基础设施完善、经济发展水平较高的发达国家，如新加坡、日本、韩国等，这符合区位理论和国际生产折衷理论所强调的市场这一因素的重要作用。农业生产环节主要投向耕地资源相对匮乏、市场规模较大且与中国地理距离较近的国家，集中在东南亚等周边国家。产后环节主要投向经济环境较好、购买力水平较高的国家或地区。

进一步地，采用层次分析法，从东道国引资需求、资源优势、市场优势、地缘优势、技术优势和营商环境方面综合评估了全球131个国家和地区产前、产中和产后环节的投资适宜性。结果表明：西欧地区、北美地区和澳新地区是吸引各环节农业对外投资的主要优势区。这些国家和地区资源优势明显，掌握着先进的农业生产和加工技术，市场规模大，政治、经济环境稳定，适合企业投资。东南亚、拉丁美洲等国家更适合生产环节的投资。农业生产环节具有高敏感性，发达国家对土地交易管制较严，根据对外投资理论中的技术创新产业升级理论，中国可先从周边国家开始，逐步向拉丁美洲等发展中国家拓展投资区域，促进价值链横向深度嵌入升级。亚洲和欧洲应是产后环节投资重点关注的地区。从事农产品深加工、农产品仓储物流、农产品销售等业务的企业主要看重被投资国的消费市场。鉴于产后环节的附加值较高，中国应有针对性地加强对农业价值链产后环节的投资，促进价值链纵向延伸嵌入升级。

第6章 典型行业对外投资布局与价值链升级路径研究

——以粮油行业为例

上述章节将农业作为整体，考察了中国在全球农业价值链中的分工地位、中国农业对外投资的区位特征、区位选择的影响因素以及以提高价值链地位为目标如何优化投资布局。然而，不同农产品的价值链条、对外投资的区位布局特征可能存在差异。粮油产品包括谷类、薯类、豆类、油料，不仅是畜牧业和饲养业的主要饲料，也是轻工业的主要原料，关系国计民生。选择这一典型行业，研究粮油产品价值链链条、全球投资格局特征以及在全球价值链中的分工地位具有重要意义，作为细分行业研究也能在一定程度上弥补将农业作为整体研究的不足。

6.1 粮油行业全球投资格局特征

6.1.1 研究方法与数据来源

采用社会网络分析方法构建全球农业对外投资网络。"社会网络"于20世纪30年代被首次提出，被界定为一群行动者和他们之间的联系，由"节点"和节点之间的"联系"组成。其中，"节点"是社会网络中的行动者，如个人、班级、组织、社团、邻居、社区、国家；"联系"则代表节点之间的连接与关系。需要注意的是，这种联系往往代表现实中发生的实质性关系，如朋友关系、上下级关系、城市之间的距离关系以及贸易关系等。社会网络分析的核心在于，从"关系"的角度出发研究社会现象与社会结构（Borgatti et al.，2003）。之后，社会网络分析逐渐受到经济学家的重视，被广泛应用在产业经济学、金融、国际贸易等诸多领域。将国家主体记为节点，各国之间的投资流动关系作为节点间的连线，则对外投资网络系统 G 可表示为 $G=(V, S)$。其中 $V=\{v_1, v_2, \cdots, v_n\}$ 为节点集，元素 v_i 表示参与全球粮油对外投资网络的国家。$S=\{S_{ij}\}$ 为边集，表示投资主体之间的关系，边的方向可以反映投资流向，且 S 中的每条边 S_{ij} 都有 V 中一对节点 (v_i, v_j) 与之对应。考虑投资国之间关系的强度，以各国之间的对外投资额为权重，构建全球粮油行业对外投资加权网络，同时构建对外投资无权网络，用于分析全球和个体粮油行业对外投资的网络特征。

从密度、互惠性和聚类系数三个方面分析全球粮油行业对外投资网络的整体特征。其中，密度用于衡量国家之间投资关联的紧密程度；互惠性用于衡量网络中的双向投资程度，聚类系数则体现了国家间投资关系的集聚性，即粮油行业对外投资是否集中于少数几个国家。

从网络规模、网络中心性以及网络异质性三个方面分析一国粮油行业对外投资的个体网络特征。国家农业对外投资网络特征是一国基于比较优势、规模经济等进行农业对外投资的最终结果。在此基础上，本书认为，在全球对外投资网络中，具有不同投资网络特征意味着该国进行对外投资的不同比较优势，进而在一定程度上决定了该国的农业价值链分工地位。梳理相关的文献，学术界普遍认为节点在社会网络中的特征表现为 3 个维度：网络规模、网络中心性以及网络异质性（Brown et al.，2001）。延续前人研究，本书将从网络规模、网络中心性、网络异质性这 3 个维度来刻画一国在全球农业对外投资网络中的特征，深入考察一国的网络特征对其价值链分工地位的影响。

（1）投资网络规模与全球价值链地位。网络规模是反映节点在网络中重要性程度的关键变量。一般而言，网络规模用个体网络规模指标表示，即行动者与多少行动者有关联，通过考察行动者在网络系统中枢纽的作用以及其信息收集和管理的水平，直接体现出节点在网络系统中的控制能力及其核心作用。具体到全球粮油对外投资网络，更大的规模表明一国处在全球的中心战略地位，与更多的发达国家项目产生了投资关联，对整个对外投资网络产生了更强的影响力。所以，个体网络规模更大的国家往往有着很明显的优势，其价值链分工影响力也更大。这主要体现在：第一，大的个体网络规模表明一国项目伙伴分布广阔，可以同时与多国项目产生投资关联。其次，个体网络规模更大表明一国处于网络的"中心"战略地位。出度值高的国家，能够从众多的战略投资合作伙伴中选择最适合本国发展经济战略的投资合作伙伴，并通过和价值链最高端的国家形成战略投资关系获得经济信息溢出，从而促成了其全球分工战略地位的提高（Reyes et al.，2008）。综上所述，当一个国家的个体网络规模越大时，其全球价值链分工水平也越高。借鉴 Freeman（1979）的方法，采用个体网络规模指标衡量各国对外投资网络规模。个体网络规模即离自我一步长邻域的节点数目，在本书中即该国投资流入与流出的国家数量，可以反映该国农业对外投资的广度。

（2）投资网络中心性与全球价值链地位。网络中心性是指社会网络中节点间在时间长度、情感强度以及亲密性等代表互惠活动的综合，反映了个体在社会网络中的地位（Granovetter，1973）。在本书中，采用中介性指标测度各国在全球粮油对外投资网络中是否处于中心地位。中介性是中心性的一种面向，中介是两个行动者间的中间人，如果个体农业对外投资网络中的其他国家没有直接的关系，所有的经贸联系都是经由该国达成的，则该国"中介"于这些国家之间，并越可能处于该网络的中心位置。较高的中介性，表明一国在世界农业对外投资网络中的可替代性很弱，即其与合作伙伴间的相互不能联系或连接范围较小，表明该国能够通过和世界不同的发展中国家协作，从而获取丰富多样的信息流和非冗余信息，以维护其自己的国际优势地位。综上所述，当一国的农业网络中心性越高，其世界农业价值链分工地位也越高。采用中介性指标测度各国在农业对外投资网络中是否处于中心地位。

（3）投资网络异质性与全球价值链地位。异质性聚焦的是行动者与其他行动者的距离，强调每个个体与所有个体之间的距离。由于网络规模和中介性指标仅考虑各国间的直接连接，一个行动者可能与许多行动者连接，但这些行动者可能与整个网络没有太多连接。在这种情况下，行动者可能位居中心，但只是地方邻域的中心。对全球对外投资网络而言，网络异质性侧面反映了一国对外投资东道国的地理集中程度。一方面，对投资网络而言，投资关系最好是非重复关系，进而最小化投资伙伴之间的冗余联系。较高的异质性意味着一国拥有非冗余的投资关联，能够触及具有不同比较优势的投资伙伴，从而对其进行筛选整合，设计最优的投资区位布局。另一方面，投资东道国的地域集中也很容易造成国家对外投资的不确定性，该国的对外投资将会更多地受到某些特定东道国的影响，从而增加对外投资时面临的政治、经济、制度等风险。可见，特别是针对粮油领域这个关乎国计民生的关键行业而言，国内外资本来源的多样性有利于一国降低因为对特定国家的资本依赖性所遭遇的危机。综上所述，当一国的网络异质度越大，其世界价值链分工地位越高。通过路径距离指标可以反映各国对外投资网络的异质性。距离较近表示该国农业对外投资较为分散，距离较远则表示该国农业对外投资集中于少数几个国家。当其他个体与自我有一步长距离时，分数达到最大。

以上数据来源于英国金融时报 fDi Markets 数据库，该数据库是目前较为全面的跨境绿地投资在线数据库，包含投资金额、投资来源国、投资目标国、母公司名称、子公司名称、创造就业量等子项，用于追踪海外投资公司情况。根据统计结果，2003—2018 年全球共 104 个国家具有粮油行业对外投资数据，为方便展开分析，将企业活动分为生产环节、产前环节和产后环节三个阶段，其中生产环节即数据库中企业的制造类活动，产前环节包括产品设计、研发、测试等活动，产后环节包括物流、销售等活动，以此分别构建生产环节、产前环节和产后环节的全球粮油对外投资网络。

6.1.2　粮油行业全球对外投资网络特征

从网络密度看，全球粮油对外投资网络整体密度较低，节点较为分散（表 6 - 1）。根据 Dunning（1981）的投资发展周期论，一国的国际投资规模随母国经济发展水平提高而增加，而许多国家尚未进入大规模开展对外投资的阶段。投资数据显示，粮油行业主要对外投资国有澳大利亚、加拿大、中国、法国、德国、印度、日本、马来西亚、荷兰、新加坡、西班牙、瑞士、美国等国家，多数是世界经济开发程度较高的发达国家，国际影响力也较强，在一定程度上控制了世界的粮油交易与国际资本流动。但随着技术发展、运输条件改善和国际投资环境优化，跨国投资逐渐兴起，世界粮油投资网络密度出现增加态势，世界各地间的投资联系越来越密切。到 2018 年，原来的边缘大国除了在维持与核心国家的稳固投资关系以外，也开始积极拓展世界粮油市场，而边缘国家间也越来越能建立经济联系，大多数国家的投资来源较 2003 年显著增多。原来的边缘大国除了在维持与核心国家的稳固投资关系以外，也开始积极拓展世界粮油市场，而边缘国家间也越来越能建立经济联系，因为这些国家的资本来源已经比 2003 年明显扩大。

表 6 - 1　主要年份全球粮油对外投资网络总体特征

环节	年份	密度	互惠性	聚类系数
生产环节	2003	0.002 4	0.040 0	0.189 0
	2010	0.002 1	0.000 0	0.000 0
	2018	0.003 4	0.028 6	0.011 0
产前环节	2003	0.000 3	0.000 0	0.000 0
	2010	0.000 2	0.000 0	0.000 0
	2018	0.000 3	0.000 0	0.000 0
产后环节	2003	0.000 1	0.000 0	0.000 0
	2010	0.001 7	0.000 0	0.000 0
	2018	0.001 5	0.066 7	0.000 0

注：该表数值是采用 Ucinet 6 软件对三个年份无权网络矩阵测算的结果。

从互惠性和聚类系数来看，全球粮油对外投资整体网络互惠程度和集聚性不高，2003—2018 年，生产环节、产前环节和产后环节的双向投资占比均不到 10%，而聚类系数均小于 20%。Vernon（1966）的国际产品生命周期理论认为发达国家倾向于向其他发达国家进行对外投资，直到产品标准化阶段为降低成本才会向劳动力更为廉价的发展中国家投资。此外，Cantwell（1989）提出的技术创新产业升级理论证明，发展中国家跨国公司对外直接投资遵循由向周边国家、向其他发展中国家再到发达国家投资的规律。然而，全球粮油行业的主要被投资国有阿根廷、澳大利亚、巴西、加拿大、中国、印度、印度尼西亚、俄罗斯、乌克兰、英国、美国等国家。可见，在目前阶段，这种双向投资多见于发达国家和发展中国家内部，更多的是发达国家向发展中国家的对外投资，而生产环节的聚类系数相较于密度值来说明显较高，说明粮油行业生产环节对外投资网络呈现小规模集群的特征，投资流入端和流出端均呈现多核心国与大量边缘国并存的现象，即投资国和被投资国集中于少数国家，国与国之间的投资关系较为稳定。

6.1.3　生产环节全球投资格局

从网络结构看，全球粮油对外投资生产环节形成了从发达国家到新兴国家再到发展中国家的核心——边缘网络结构（图6-1）。美国、法国、德国、中国、日本等国家位于全球粮油对外投资网络生产环节的核心地位，并将投资链条延伸至其他发展中国家，建立起更为稳定和均衡的个体投资网络。俄罗斯、印度、巴西等新兴国家作为重要的被投资国镶嵌在投资网络的中心，这主要是因为资源是跨国公司生产环节投资的重要考虑因素，而这些国家的资源禀赋优于其他发展中国家，拥有更廉价的土地、劳动力等资源，且这些国家的国内政治、经济、制度环境稳定向好，具备良好的投资前景，受到跨国公司青睐。柬埔寨、埃塞俄比亚、沙特阿拉伯、加纳、肯尼亚等发展中国家尽管拥有丰裕的土地资源，但总体投资环境较差，在全球投资网络中参与程度不高，位于网络的边缘位置。

从投资流向看，主要投资来源国有瑞士、法国、新加坡、德国、日本、英国等，主要投资目标国有巴西、印度尼西亚、俄罗斯、菲律宾、阿根廷、哈萨克斯坦等，中国、美国、马来西亚、加拿大等国家既是投资的主要来源国也是投资的主要目标国（图6-2）。投资流入国的集聚

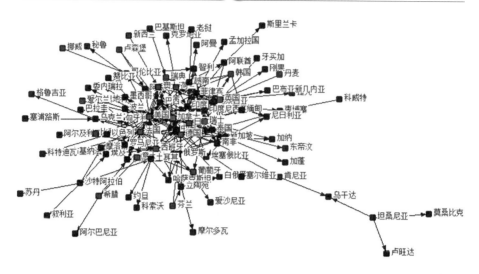

图6-1 全球粮油对外投资生产环节网络结构图

注：图中箭头表示投资方向，箭头联系越多的国家越处于投资网络的核心位置。

性明显高于投资流出国，美国是全球粮油行业最大的投资来源国，充分
掌握了全球粮油市场的话语权。2003—2018 年的累计对外直接投资金
额达 58.26 亿美元，占全球粮油总投资的 28.28%；其次为中国和马来
西亚，分别为 23.58 亿美元和 23.09 亿美元。巴西是全球粮油行业最大
的投资目标国，2003—2018 年累计外商直接投资额为 20.05 亿美元；
其次为印度尼西亚和中国，分别为 16.75 亿美元、16.20 亿美元。

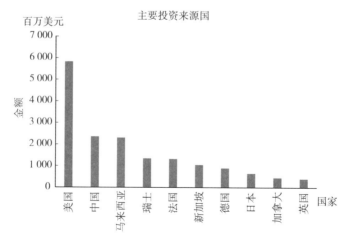

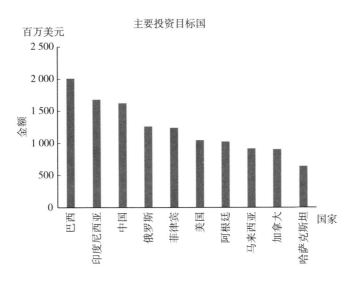

图 6-2　全球粮油生产环节投资流向

注：图中投资金额为 2003—2018 年总流量数据，数据来源于《英国金融时报》fDi Markets 数据库，并根据数据库中企业的主营业务区分生产环节投资和产前产后环节投资。

　　从投资动机看，跨国公司生产环节的动机以资源寻求型为主导，包括土地和劳动力资源、地理位置、企业战略、东道国政策等方面（表 6-2）。生产环节投资常见于发达国家对发展中国家的投资，资源是跨国公司考量的重要方面，例如瑞士对阿根廷的投资、德国和美国对巴西的投资等，看重的都是东道国的农业资源和生产力水平。企业能够将母国先进的生产经验和管理方法运用到这些土地和劳动力资源丰裕的发展中国家，既能够摊低企业的生产成本，增加生产环节的回报率，也能为东道国提供更多的就业机会。对于大多数发展中国家来说，首先是利用资源优势嵌入全球农业价值链的生产环节，再寻求价值链地位的攀升。地理位置也是企业区位选择的重要影响因素，由于农产品具有保质期短、易腐等特性，若农产品生产离市场更近会显著降低运输成本，而港口则是粮食贸易的重要运输节点，能够提高粮食企业的运营效率。因此，靠近市场以及港口的种植区更吸引企业投资设厂。大型跨国公司往往从企业长期战略出发选择东道国，例如邦吉自 1991 年在巴西设立了第一家大豆加工厂，为了加强在该地区的影响力而选择增加投资、拓展业务范围。嘉吉则以马来西亚为跳板加强下游产品业务，更好地服务于全球 70 多个国家。发展中国家企业受发达国家土地管制、生产成本的限制等，通常优先选择其他发展中国家。由于自身实力有限，发展中国家企业更依赖于母国以及东道国政府的支持政策和激励措施，如科威特对柬埔寨的大米投资是因为柬埔寨政府有促进大米出口的政策，坦桑尼亚对卢旺达的投资是因为有东非共同体关税同盟的支持。

表6-2 粮油行业跨国公司生产环节投资动机

投资来源国	投资目标国	投资金额（美元）	投资动机
瑞士	阿根廷	50 000 000	阿根廷有丰富的农业资源，能够满足全球对粮食和饲料不断增长的需求
法国	澳大利亚	33 600 000	地理位置非常理想，靠近大麦种植区和澳大利亚最大的深水码头和主要出口港口。目标是向泰国、越南、韩国和柬埔寨出口更多产品，并开拓老挝和印度等新市场
德国	巴西	11 530 000	看到了巴西巨大的生产增长潜力，并准备长期利用它
美国	巴西	88 000 000	出于战略、物流和市场原因，这项投资加强了邦吉的影响力，1991 年邦吉在这里开设了第一家大豆加工厂
美国	巴西	70 100 000	该地区对嘉吉非常有吸引力，拥有高技能且易于招聘的劳动力，经济非常健康
美国	巴西	210 000 000	与客户的合作伙伴关系和不断增长的国内需求是推动投资的关键方面，嘉吉的全球领导团队非常乐观地看到了巴西业务的增长
科威特	柬埔寨	20 800 000	柬埔寨政府有促进大米出口的政策，使公司有兴趣投资大米生产以出口
美国	加拿大	41 500 000	由于全球对菜籽油和菜粕的需求不断增加，以及加拿大油菜籽生产的增长潜力，加拿大是邦吉增长战略中一个非常重要的地区
加拿大	中国	22 500 000	加拿大的合资企业非常符合加拿大将加工价值链扩展到中国等市场的总体战略

（续）

投资来源国	投资目标国	投资金额（美元）	投资动机
日本	中国	30 000 000	满足国内对产品快速增长的需求
美国	中国	55 200 000	此次合作是进入中国市场并将美国的产品介绍给世界上最具活力的经济体之一的重要机会
瑞士	马来西亚	38 240 000	选择马来西亚是基于现成的优质本地原料以及该国的投资友好环境和基础设施

注：此表根据 fDi Markets 数据库中的投资项目整理而成，投资动机是企业高层管理人员对该投资项目的表述，由于投资项目较多，本表仅整理了一些具有代表性的企业投资动机。

从地位特征看，粮油行业全球对外投资网络主要由发达国家和新兴国家主导（表 6-3）。采用网络规模、中介性和路径距离指标对 2003 年、2010 年和 2018 年国家网络表现进行排名，从网络规模看，尽管随着国家经济发展水平和农业生产技术的提高，有能力开展对外投资的国家不断增加，且投资模式日益多样化，但当前的对外投资仍以发达国家为主，俄罗斯、巴西、马来西亚等新兴国家作为重要的被投资国嵌入全球对外投资网络。从中介性看，全球粮油对外投资网络呈现向美国、中国、法国、加拿大、澳大利亚等少数国家集聚的态势，美国和中国始终处于全球对外投资网络的中心位置，中介于众多国家之间，在网络中行动最为自由且控制最多资源。在对外投资网络中，较高的中介性意味着该国是重要的网络枢纽，该国便可利用其投资网络中的结构洞深耕被投资国市场，发挥资本流动的中转站和调节器作用，并控制着资源的获取，有利于该国价值链地位的提高。网络异质性的国家排名发生了一定改变。不同于美国、法国、中国等传统农业大国，日本、新加坡、以色列等国对外投资规模相对较小，但投资金额在东道国分布更加均衡，对外投资所受制约和依赖风险较小。Gnyawali 等（2001）的研究证明了网络异质性较高意味着该国能够与具有不同比较优势的国家建立投资关系，并对其进行筛选整合，使其贸易结构最优化。另外，王业强等（2007）的研究成果也证实了，地域集中可能会造成国际经贸关系的不平衡，从而导致产业发展的波动性增加。因此，投资伙伴分布的多样性可以使一国企业减少对特定国家产生特定依赖性时所面临的"卡脖子"风险。

表 6 - 3 生产环节个体网络表现排名

网络规模排名					
2003		2010		2018	
美国	8	美国	5	美国	10
加拿大	3	新加坡	3	马来西亚	5
中国	3	加拿大	2	中国	4
巴西	3	中国	2	法国	4
俄罗斯	3	法国	2	新加坡	3
网络中心性排名					
2003		2010		2018	
美国	17	美国	4	美国	36
加拿大	2	加拿大	1	中国	5
中国	2	中国	1	法国	5
巴西	1	法国	1	澳大利亚	1
新加坡	1	/	/	/	/
网络异质性排名					
2003		2010		2018	
澳大利亚	1.050 8	以色列	1.030 0	日本	1.120 9
日本	1.040 9	美国	1.020 1	加拿大	1.108 5
加拿大	1.040 7	新加坡	0.990 1	美国	1.097 8
墨西哥	1.040 6	德国	0.990 0	中国	1.097 3
法国	1.040 2	日本	0.980 4	法国	1.097 0

注：该表数值是采用 Ucinet 6 软件对三个年份的加权网络规模指标、加权网络中介性指标和加权网络异质性指标测算的结果，/表示除表中的国家外，其他国家该数值均相等，故不再排序。

6.1.4 产前产后环节全球投资格局

从网络结构看，全球粮油对外投资产前产后环节的网络结构较生产环节更加集中，网络中心向美国、德国、中国等主要投资国集中（图 6 - 3）。美国、德国、澳大利亚、加拿大、中国等国家位于全球粮油对外投资网络产前产后环节的核心地位，既是全球重要的投资国也是重要的被投资国，彼此间的双向投资远高于其他国家，经贸关系更加稳定均衡，并将投资链条延伸至其他发展中国家。俄罗斯、阿根廷、巴西等新兴国家作为重要的被投资国镶嵌在投资网络的中心，作为全球粮油产品重要的生产国和出口国，这些国家的生产效率和潜力吸引企业投资。莫桑比克、加纳、巴基斯坦、肯尼亚、布隆迪等发展中国家农业生产力水平较低，市场发育不完全，既不具备大规模开展对外投资的实力，对跨国公司来说也没有较强的吸引力，因此作为被投资国嵌入网络的边缘位置。

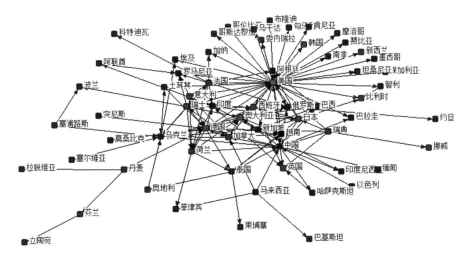

图 6-3　全球粮油对外投资产前产后环节网络结构图

注：图中箭头表示投资方向，投资额越大，箭头联系越多的国家越处于投资网络的核心位置。

从投资流向看，与发达国家主导的生产环节对外投资不同，产前产后环节的主要投资来源国有马来西亚、法国、阿联酋、日本、塞浦路斯、瑞士等，主要投资目标国有埃及、印度、阿根廷、巴西、澳大利亚、俄罗斯等，乌克兰、美国、中国、加拿大既是投资的主要来源国也是投资的主要目标国（图 6-4）。乌克兰既是全球重要玉米、小麦、大麦、葵花籽（葵油）、菜籽（菜油）主要生产国和出口国，也是全球粮油行业产前产后环节最大的投资来源国，2003—2018 年的累计对外直接投资金额达 20.07 亿美元，占产前产后环节总投资的 24.54%；其次为美国和中国，分别为 14.08 亿美元和 8.35 亿美元。埃及作为世界上最大的粮食进口国之一，70％左右的粮食依靠进口。根据联合国数据，2020 年，埃及 86％的小麦进口来自俄罗斯和乌克兰。而现在乌克兰危机和随之而来的对俄制裁措施，正严重威胁埃及的小麦供应，埃及正面临粮食短缺的威胁。因为国内巨大的粮食需求，埃及目前也是全球粮油行业最大的投资目标国，2003—2018 年累计外商直接投资额为 20.41 亿美元；其次为中国和印度，分别为 8.99 亿美元、6.90 亿美元。

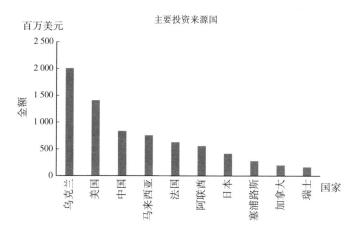

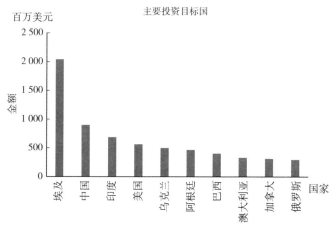

图 6-4　全球粮油产前产后环节投资流向

注：图中投资金额为 2003—2018 年总流量数据，数据来源于《英国金融时报》fDi Markets 数据库，并根据数据库中企业的主营业务区分生产环节投资和产前产后环节投资。

产前产后环节投资动机主要以技术寻求型和市场寻求型为主（表6-4）。企业对发达国家的投资看重技术和战略资产，例如法国对美国的投资是希望能够应用美国科罗拉多州立大学高质量的研究成果，瑞士对美国、美国对西班牙的投资是为了招募更多的技术人才并在当地组建一支有经验的技术团队帮助公司开展业务，德国对新加坡的投资是因为其拥有成熟的研发机构可以提高企业的育种能力。除技术外，完善的物流设施也吸引企业的投资，例如安特卫普港的战略位置及其与内陆水道的连通性便利了驳船运输，使得企业对欧洲的运输量增加了30%。企业对发展中国家的投资看重的是市场和粮源。阿联酋对印度的投资、美国对摩洛哥的投资都是因为当地不断增长的人口带来的需求量增加，中国对巴拉圭、法国对乌克兰物流基础设施的投资则是因为当地不断扩大的粮食生产和出口，建设仓储和物流设施能够更好地连接市场和粮源，既为当地种植者提供了更多的营销选择，也为企业扩大出口提供了便利。

表6-4　粮油行业跨国公司产前产后环节投资动机

投资来源国	投资目标国	投资金额（美元）	投资动机
法国	乌克兰	75 000 000	预计未来几年乌克兰粮食生产和出口将继续大幅增长，这需要有效的出口渠道
阿联酋	印度	60 300 000	希望进一步受益于印度不断增长的中产阶级以及他们对品牌特色大米日益增长的需求
美国	比利时	26 800 000	安特卫普港的战略位置及其与内陆水道的连通性，也将有利于比卡车运输更可持续的驳船运输
中国	加拿大	5 700 000	加拿大在世界粮油种子市场的重要性、靠近中国以及与东亚市场的长期关系，使其成为中国发展供应链的自然区域
中国	美国	3 600 000	芝加哥附近的新地点使中国更接近大多数客户以及业务合作者
荷兰	泰国	12 800 000	在泰国设立新办事处，并拥有一支具有当地经验和知识的专业团队，将有助于确定当地种植者和当地市场的需求。这使荷兰能够开发出最好的高性能品种，完全适应当地（气候）条件

（续）

投资来源国	投资目标国	投资金额（美元）	投资动机
瑞典	德国	200 000	希望成为一个在当地拥有强大影响力的全球合作伙伴，为客户提供服务，以便与客户合作发展和加强创新平台
法国	美国	20 600 000	公司之所以选择柯林斯堡，是因为科罗拉多州立大学的高质量和广泛的农业研究以及该市较高的生活水平
美国	西班牙	2 000 000	鉴于文化差异，吸引了广泛的国际劳动力，这对于全球性公司至关重要
中国	澳大利亚	5 000 000	投资环境安全、政府支持力度大、气候适宜
德国	新加坡	28 600 000	新加坡拥有成熟的研发结构，可以快速响应德国在亚太地区的育种者和种子生产技术人员的需求，提高育种能力

注：此表根据 fDi Markets 数据库中的投资项目整理而成，投资动机是企业高层管理人员对该投资项目的表述，由于投资项目较多，本表仅整理了一些具有代表性的企业投资动机。

从地位特征看，产前产后环节的对外投资网络主要由发达国家主导，发展中国家的影响力逐渐增强（表 6-5）。采用网络规模、中介性和路径距离指标对 2003 年和 2018 年产前产后环节国家网络表现进行排名，从网络规模看，美国、印度网络规模始终很大。近年来，乌克兰和埃及分别作为重要的粮食出口国和进口国在全球粮油对外投资网络中的参与度显著提高，吸引以市场为导向的企业投资。从中介性看，产前产后对外投资网络呈现由分散到集中的态势。2003 年，全球投资网络密度较低，国家间多为直接联系。2010 年后，网络中心向美国、澳大利亚、加拿大等发达国家以及印度、埃及等粮食进口国集聚。从网络异质性看，国家排名发生了一定改变。除美国、加拿大、中国等网络中心国家，西班牙、法国、瑞典、瑞士等欧洲国家对外投资所受制约和依赖风险较小。

表6-5 产前产后环节个体网络表现排名

网络规模排名					
2003		2010		2018	
中国	2	加拿大	5	美国	6
美国	2	澳大利亚	4	乌克兰	4
澳大利亚	1	德国	4	中国	2
印度	1	美国	4	埃及	2
墨西哥	1	印度	3	印度	2
网络中心性排名					
2003		2010		2018	
中国	1	加拿大	4	美国	11
/	/	美国	4	乌克兰	3
/	/	澳大利亚	3	印度	1
/	/	德国	3	荷兰	1
/	/	印度	2	瑞士	1
网络异质性排名					
2003		2010		2018	
美国	0.980 392	西班牙	1.097 379	中国	1.051 45
泰国	0.980 299	加拿大	1.030 618	瑞典	1.051 45
中国	0.970 874	法国	1.03	美国	1.030 515
/	/	美国	1.009 705	西班牙	1.029 897
/	/	瑞士	1.009 507	澳大利亚	0.980 299

注：该表数值是采用 Ucinet 6 软件对三个年份的加权网络规模指标、加权网络中介性指标和加权网络异质性指标测算的结果，/表示除表中的国家外，其他国家该数值均相等，故不再排序。

6.2 中国粮油行业在全球价值链中的分工地位

采用第4章测度价值链地位的出口技术复杂度指标，本书计算了全球 188 个国家（地区）2010—2020 年粮油行业的出口技术复杂度。同样，为更加明确我国粮油产品出口技术复杂度在世界上的相对位置，解决由人均收入变动导致的各国出口技术复杂度绝对值变动趋势一致的问题，采用相对出口技术复杂度指数进行对比分析。受文章篇幅限制，表6-6仅列出了出口技术复杂度位于前20位的国家和中国2010年、2020年、2010—2020年均值以及增长率数据。

表6-6　粮油行业出口技术复杂度排名

排名	国家	出口技术复杂度				相对出口技术复杂度			
		2010（美元）	2020（美元）	均值（美元）	增长率（%）	2010	2020	均值	增长率（%）
1	俄罗斯	9 720.09	11 412.93	10 054.36	1.62	4.96	5.56	5.07	1.15
2	乌克兰	9 278.18	11 522.44	9 664.37	2.19	4.74	5.61	4.87	1.70
3	巴拉圭	8 735.76	8 740.79	8 469.66	0.01	4.46	4.26	4.27	−0.46
4	哈萨克斯坦	7 735.53	9 374.56	8 379.32	1.94	3.95	4.56	4.22	1.45
5	加拿大	7 337.25	8 219.73	7 969.02	1.14	3.74	4.00	4.01	0.67
6	罗马尼亚	7 344.30	7 476.24	7 093.37	0.18	3.75	3.64	3.58	−0.17
7	拉脱维亚	6 151.96	6 962.62	6 103.39	1.25	3.14	3.39	3.07	0.77
8	阿根廷	5 600.16	5 914.00	5 805.09	0.55	2.86	2.88	2.93	0.07
9	保加利亚	5 660.73	6 073.21	5 731.57	0.71	2.89	2.96	2.89	0.24
10	朝鲜	11 034.63	5 069.11	5 589.24	−7.48	5.63	2.47	2.82	−7.91
11	美国	5 174.31	5 930.69	5 544.73	1.37	2.64	2.89	2.79	0.91
12	巴西	4 112.42	6 209.29	5 531.40	4.21	2.10	3.02	2.78	3.70
13	几内亚比绍	6 228.96	4 961.42	5 485.85	−2.25	3.18	2.42	2.76	−2.69
14	爱沙尼亚	5 830.98	5 764.31	5 321.75	−0.11	2.98	2.81	2.68	−0.59
15	乌拉圭	4 539.47	4 763.63	4 942.98	0.48	2.32	2.32	2.49	0.00
16	突尼斯	6 634.23	7 619.51	4 862.24	1.39	3.39	3.71	2.45	0.91
17	蒙古国	262.00	3 505.03	4 709.93	29.61	0.13	1.71	2.39	29.39
18	特立尼达和多巴哥	1 931.20	6 899.66	4 506.64	13.58	0.99	3.36	2.26	13.00
19	巴基斯坦	5 426.57	4 117.72	4 427.61	−2.72	2.77	2.01	2.22	−3.16
20	澳大利亚	4 049.46	4 344.79	4 390.41	0.71	2.07	2.12	2.21	0.24
123	中国	652.53	710.18	679.76	0.85	0.33	0.35	0.34	0.59

注：此表按各国2010—2020年农产品出口技术复杂度均值由高到低排序。

从粮油行业出口技术复杂度测度结果来看，谷类、油料等关系国计民生的农产品更多地掌握在资源大国手中。由第 4 章全球农业价值链地位测度结果得出，某个国家的全球价值链地位和国家的发展水平呈现相当高的正向相关性。粮油行业与农业整体出口技术复杂度测度结果不同，俄罗斯、乌克兰、哈萨克斯坦、巴西、阿根廷等传统农产品出口大国的出口技术复杂度相比发达国家更高。2010 年以来，俄罗斯、乌克兰、哈萨克斯坦、加拿大等国家对全球粮油价值链的掌控力度较强，且整个粮油行业出口技术复杂度保持着较高的增长速度。而乌拉圭、蒙古国等国的人均耕地资源远超于世界平均水平，其中蒙古国的农牧业用地占国土面积的 70％以上，种植业在第一产业中占绝对优势（申凯红等，2018）。在出口技术复杂度位于前 20 的国家中，绝大部分国家的出口技术复杂度仍在提升，但巴拉圭、罗马尼亚、朝鲜、几内亚比绍、爱沙尼亚、巴基斯坦粮油行业在全球价值链中的相对地位有所下降，其中朝鲜、几内亚比绍和巴基斯坦的相对出口技术复杂度下降明显。2010—2020 年，中国的粮油产品出口技术复杂度均值为 679.76 美元，在全球 188 个国家（地区）中排名第 123 位，处于较低水平。从年均增长率看，中国农产品相对出口技术复杂度年均增长率为 0.59％，处于中等水平，与巴西、俄罗斯等新兴国家相比没有明显优势。

从时间维度看，2010—2020 年中国粮油产品在全球价值链中的相对地位无明显增长（图 6-5）。2011—2015 年，中国粮油行业相对出口技术复杂度从 0.39 下降到 0.27，降幅明显，在 2016 年以后才出现较为快速的增长。但自 2018 年中美贸易摩擦以来，互加关税给中国农产品出口再次带来不小阻力，而 2020 年新冠疫情的全球蔓延使得不少粮食出口大国开始限制重要农产品的出口，全球粮油贸易面临的不稳定因素增加。从出口结构看，谷类和油料作物出口占比先减少后增加，在很大程度上影响着中国粮油行业全球价值链地位（图 6-6）。对粮油行业进行细分，其中谷类和油料作物出口技术复杂度明显高于薯类和豆类农产品，使得粮油行业全球价值链地位更多地受这两类农产品出口相对占比的影响，尤其是谷类产品出口占比。因此，若想提高粮油行业整体出口技术复杂度，中国需进一步优化农产品生产和出口结构，适当增加谷物和油料作物的出口比例。

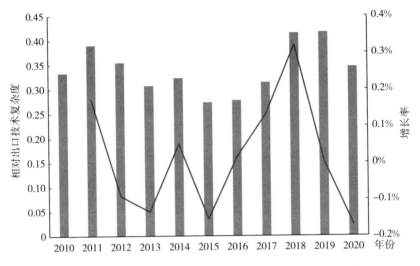

图 6-5　2010—2020 年中国粮油行业相对出口技术复杂度

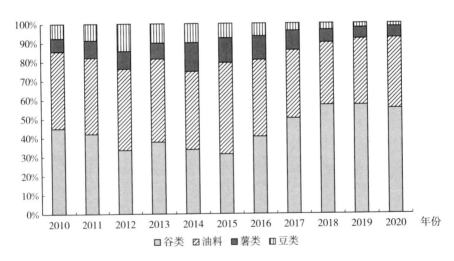

图 6-6　2010—2020 年中国粮油产品出口结构变动情况

注：数据来源于 FAO。

从与全球重要农产品出口国的对比来看，中国粮油行业整体出口技术复杂度以及增长率均低于美国、俄罗斯、巴西等主要农产品出口国

（图6-7）。尽管中国已成为世界第一大农产品出口国，根据国家粮油信息中心统计数据，2020年中国出口谷物量为251万吨，出口油料为93万吨，但与其他农产品出口大国价值链地位差距明显，出口结构有待优化。总体来看，这四个国家粮油行业各种类农产品的出口技术复杂度的情况由于国情不同而差异明显。具体而言，在中国，谷类和油料农产品的出口技术复杂度高于豆类和薯类农产品，而在美国豆类和谷类农产品的出口技术复杂度较油料作物更高，薯类产品的出口技术复杂度最低。而俄罗斯和巴西粮油产品的出口结构较中国和美国来说更为单一。在俄罗斯，谷类农产品的出口技术复杂度远高于豆类、油料和薯类农产品，而巴西则以豆类出口为主。

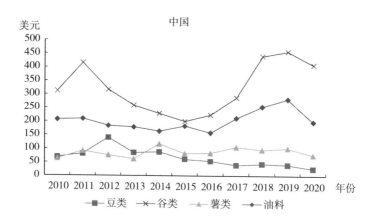

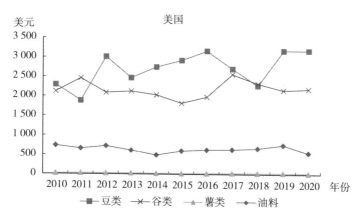

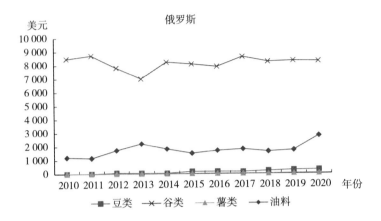

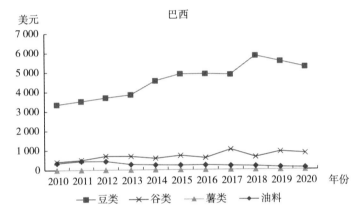

图 6-7　2010—2020 重要农产品出口国出口技术复杂度对比

6.3　粮油行业对外投资网络中心性与价值链地位的耦合分析

　　在测度了中国粮油行业在全球价值链中的分工地位，并分析了全球粮油投资格局特征后，有必要进一步探究一国对外投资网络特征与其全球价值链地位的关系。为便于分析，图 6-8 和图 6-9 分别展示了在生产环节和产前产后环节对外投资主要的投资来源国和投资目标国的网络中心性与价值链地位，这些国家基本代表了全球粮油投资的主要流向。

6.3.1　生产环节对外投资网络中心性与价值链地位

　　生产环节对外投资网络中心性与价值链地位存在正相关关系

（图 6-8）。美国处于全球粮油投资网络的中心地位，俄罗斯、哈萨克斯坦、加拿大、阿根廷和巴西都是全球主要的粮油生产国和出口国，全球粮油价值链地位高于其他国家，但是粮油产品的贸易渠道却大多掌握在美国手中。2013—2018 年，美国生产环节对外投资网络中介性将近500，远远高于其他主要投资国和被投资国，更高于全球平均水平。这意味着许多国家全球粮油投资的联系主要是通过美国建立的。中国在全球粮油对外投资网络中的参与度较高，2013—2018 年生产环节对外投资网络的中介性达 105，同样高于俄罗斯、哈萨克斯坦、巴西、阿根廷等主要粮油生产国和出口国，但中国对全球粮源和贸易投资渠道的控制力却远远不及美国。

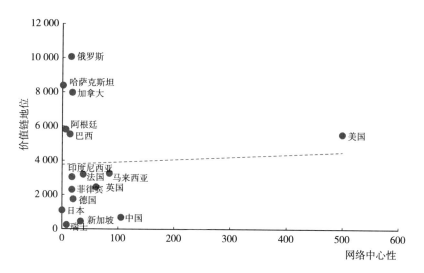

图 6-8 生产环节对外投资网络中心性与价值链地位的关系

6.3.2 产前产后环节对外投资网络中心性与价值链地位

与生产环节相同，产前产后环节对外投资网络中心性与价值链地位同样存在正相关关系（图 6-9）。无论是生产环节还是产前产后环节，美国都处于全球粮油投资网络的中心地位，美国粮商已经通过全产业链布局将投资链条延伸至全球。在全球四大粮商中，ADM、嘉吉、邦吉都是美国公司，其中 ADM 是全球最大的谷物与油籽处理厂，邦吉以注重从农田到终端市场的全过程著名，而嘉吉则强调配送环节。2013—2018 年，美国产前产后环节对外投资网络中介性达 340，远远高于其他主要投资国和被投资国。同样，中国在全球粮油对外投资网络中的参与度较高，2013—2018 年产前产后环节对外投资网络的中介性达 80，高于俄罗斯、乌克兰等国，但在全球粮油价值链中的分工地位低于世界平均水平，中国有必要借鉴发达国家的对外投资和价值链掌控模式，寻求价值链地位攀升。

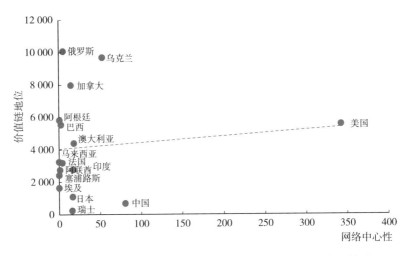

图 6-9　产前产后环节对外投资网络中心性与价值链地位的关系

6.4　促进中国粮油价值链升级的路径探索

6.4.1　发达国家价值链各环节掌控模式及经验启示

中国农业对外投资起步较晚，审慎研究、借鉴国外经验，对于推进中国农业对外投资发展意义重大。本章以美国和日本为研究对象，借鉴发达国家掌控粮油价值链的模式，并基于中国国情，探讨提升中国粮油价值链的可行路径。

（1）美国全球粮油价值链掌控模式。为便于分析，本章节以四大粮商中的 ADM 公司为典型案例，探讨其全球粮油价值链掌控模式，得出相应启示。早在 1953 年，ADM 的多元化经营架构基本建立，主要经营产品包含油籽、大豆、面粉和饲料加工。1967 年拥有三十条驳车船队，开始航运服务。20 世纪 70 年代初期，通过并购多家谷物生产企业，ADM 掌握谷物生产先进技术，从而进军谷物加工行业。1978 年，ADM 扩大乙醇生产业务，开始涉足生物能源行业。自 1986 年开始，ADM 加快了全球化布局，目前，ADM 的业务主要包含农产品加工、高附加值食品和饲料添加剂制造等，业务范围遍布近 200 个国家（地区）。其发展历程大致可分为三个阶段（表 6 - 7）。

表 6 - 7　ADM 全球扩张历程

第一阶段（1923—1966 年）：由单一的亚麻籽压榨业务进入多种农产品加工领域
1902 年：Daniels Linseed 在美国 Minneapolis 成立，主要开展亚麻籽破碎业务
1923 年：Archer - Daniels Linseed 收购 Midland Linseed Products，成立 ADM
1924 年：在纽交所上市
1927 年：收购 Armour，组建粮食部门
1929 年：收购 Werner G. Smith，进入大豆压榨领域
1963 年：首次直接出口到墨西哥湾沿岸，在墨西哥湾建立了出口终端
第二阶段（1967—1985 年）：建立全球运输网络
1967 年：购买 30 艘驳船船队，开始运输业务
1969 年：总部迁移至迪凯特
1974 年：在欧洲和南美洲收购了第一批大豆加工厂；建立首个欧洲和南美加工基地
1979 年：成立卡车运输部
第三阶段（1986 年至今）：全球扩展与产业链整合
1986 年：收购德国和荷兰的联合利华工厂，开启欧洲扩张
1994 年：投资新加坡丰益控股，与中粮集团、丰益控股合资在中国建立张家港东海粮油，开启亚洲扩张
1997 年：收购 W. R. Grace 公司可可加工业务，进入可可加工领域，开启巴西市场的扩张
2014 年：收购 WILD Flavors 公司，进入香料业务，开启印度市场的扩张
2015 年：扩大在中国漳州的饲料预混料厂建设
2017 年：收购 Crosswind Industries，进入宠物食品领域
2018 年：收购益生菌供应商 Probiotics International Limited，进入健康领域
2019 年：与嘉吉合资成立 GrainBridge LLC，布局农业信息一体化平台

注：资料来源于企业官网。

以农产品加工为核心。ADM 的核心是农产品加工业务，并通过发挥其强大的农产品加工能力，追求规模效应、降低生产成本。ADM 在全球拥有 200 多家加工厂，一半以上加工厂从事油籽业务，且主要分布在美洲和欧洲，这两大洲的产能较高（图 6 - 10）。农产品加工的利润率普遍偏低，在农产品的初级加工行业，要想获得更多的利润，有效控制成本是关键。ADM 建立从收储到运输再到市场销售的一体化模式，有效降低了交易成本。此外，ADM 还通过开发新市场和扩大市场占有率的方式，以规模效应降低成本。ADM 深加工业务的驱动来自客户的需求，食品和消费品生产厂商等客户能够快速对市场变化做出反应，并将这种市场需求反馈到 ADM，推动企业积极研发和推广新产品。为满足客户更低的采购价格和更便捷的服务需求，ADM 的综合服务不仅包括农产品及运输，还涉及金融领域。

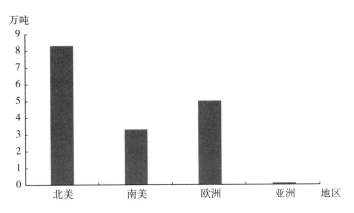

图 6 - 10　ADM 全球每日加工能力

注：数据来源于 2021 年公司年报。

收储、物流和贸易形成三角支撑。为提升企业的核心竞争力，ADM 不断拓展收储、运输等国际贸易服务范围，以支持企业生产经营的规模效应和低成本优势（图 6 - 11）。ADM 的产业链起始于收储业务，并逐渐在全球建立遍布六大洲的粮仓、运输网络和农产品加工厂，使得 ADM 能够从全球范围内的粮食产地获取丰富而多样的原材料供应，减少了季节和地区变化的影响，从而加强了公司的核心能力。

ADM公司还建立了全球的运输网络。从1967年组建船队并进入运输业领域开始，目前，ADM已在世界各地构建起了涵盖铁路、公路、水运和海运的运输网络，庞大的全球性运输能力有力地保障了企业加工经营的规模效应和低成本战略。另外，ADM通过贸易公司与供货商和用户建立联系，实现低价供应并形成企业联合，同时ADM没有涉足农产品生产的上下游，避免和现有用户形成竞争。

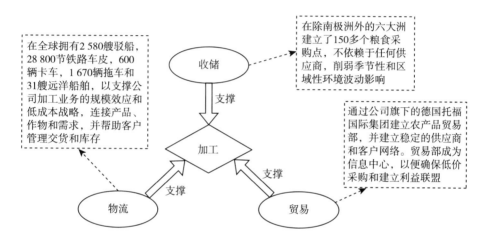

图6-11　ADM以农产品加工为核心的产业链闭环模式

资料来源：根据公开资料绘制。

ADM产业链具有高度协同效应。ADM在全球范围内根据产销区特征合理布局资产。通过覆盖全国的物流基础设施，ADM在农业主产区能够迅速进行谷物粮食的收储，并通过全球化运输网络运到加工厂，又或者加工成最终商品后直接在当地售卖。ADM公司通过对生产过程、订单和存货的集中管理，有效提升了公司运作效能和增加了整体效益，同时由于企业在各业务间的协同效应，公司具备了自主扩展的能力，并可不断衍生新商品和产品新应用，进而使公司农作物价值达到最大化。

如图6-12所示，ADM业务间的协同效应表现在如下几个方面：一是横向协作。ADM已经在传统加工行业形成技术优势，ADM在产品扩张进程中，借助其核心能力，有助于新业务快速扩张。二是纵向协同。ADM 在"储、运、加、销"各环节上都构建了核心竞争优势，而且通过上下游产业的合作，在可以最大程度地获得农业产业收益的同时，还可以有效减少单环节经营的竞争风险与成本。三是资源共享协同。ADM 研发的新产品，能够通过利用其自身的客户资源进行营销宣传，从而提高了新产品的市场营销效果。ADM 在世界各地的收储设备也能为产业链上不同行业供应原料，从而有效提高资源利用率。

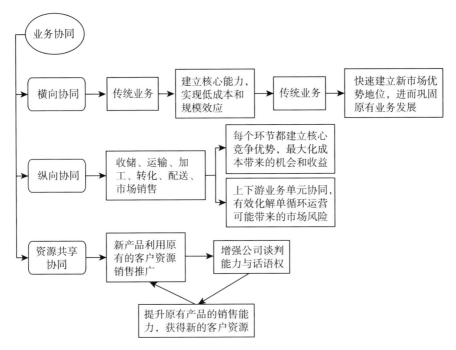

图 6 - 12   ADM 业务之间的协同效应

资料来源：根据公开资料绘制。

ADM 成熟的商业模式拥有自我增长的动力，从而实现价值链升级（图 6 - 13）。ADM 的价值链升级有以下几种方式：一是产品和流程升级。客户可以及时地把市场的变动快速反应到 ADM，而公司也将依据需求持续改善生产和开发新商品。二是功能提升。主要表现为产品价值链的后向扩展。ADM 主张通过持续引进创新产品，以提升现有工艺。三是全链条升级。体现为加工技能向其他作物扩展。ADM 通过把生产技术扩展到各种生产方式，通过新技术增加企业的盈利点，从而减少了市场价格变化和市场风险对企业利润的冲击。

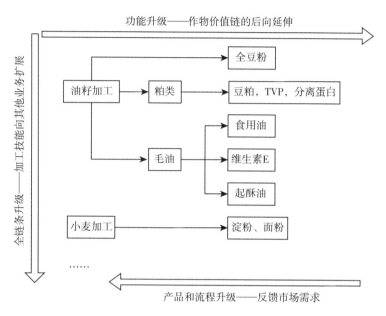

图 6 - 13　ADM 价值链升级模式

资料来源：根据公开资料绘制。

（2）日本。根据《经济学人》公布的《2021 年全球粮食安全排名》数据显示，日本粮食安全排名位于全球第 8 位，甚至领先于美国。日本的人均耕地面积只有 300 多平方米，在土地资源稀缺的情况下，日本粮食安全水平的提升不仅得益于全球领先的农业科技，还有赖于其积极布局全球粮食市场。早在第二次世界大战结束时，日本民间个人和企业在亚洲、北美洲、南美洲等地开展了农业创业等投资活动。1973 年，日本开始加强对外贸易，并积极开展农产品国际贸易、农业海外投资和农业对外合作。与四大粮商服务全球的宗旨不同，满足国内的粮食需求是日本企业对外投资的主要目标。随着全球食品相关市场急速扩大，2014 年，日本提出了"全球食品价值链战略"。

食品价值链为处于价值链中的生产者、制造业者、流通业者、消费者带来更高的附加价值，并通过产业链的构筑提高整个食品产业链的附加价值。"全球食品价值链战略"主要包括三项内容：一是通过日本食品产业的海外发展，强化日本食品产业的国际竞争力。二是战略性地运用日本的对外经济合作。三是促进日本食品的出口。主要内容见图 6-14。

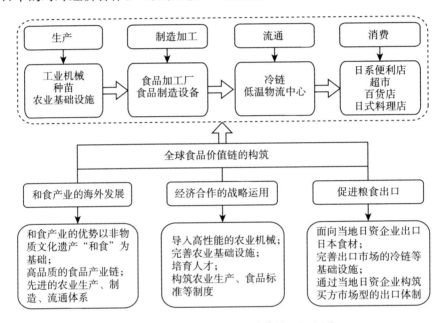

图 6-14　日本"全球食品价值链"概念图

资料来源：程永明. 论日本的"全球食品价值链战略"［J］. 日本问题研究，2020，34（1）：10.

在"全球食品价值链战略"的区域策略中，日本将区域重点界定为东盟、中国、印度、中东、中南美、非洲、俄罗斯和欧亚等（图 6-15），并针对每个区域或国家的实际情况，构建差异化的食物价值链措施（表 6-8）。

表 6-8　日本构筑全球食品价值链的地方战略

地区战略	食品价值链措施
东盟	①通过东西、南北和西部三个国际经济廊道的运输网络，形成"食品走廊"； ②完善高附加值产地、食品加工、冷链物流和流通等营销服务网络； ③完善以马来西亚等为基础的国际清真肉制品的加工、物流销售网

（续）

地区战略	食品价值链措施
中国	以沿海地区与内陆主要大中城市为重点，建立优质粮食的生产加工、基地和消费者的冷链、零售和物流营销服务网络
印度	利用先进灌溉机械设备、农业机械等的引进，进一步健全连接高价值产区、肉制品加工企业和产品与客户中间的冷链等商品流通及营销服务网络，促进高经济效益产品价值链的构建，有效减少产品损失
中东	①通过对干旱的农业技术、ICT、种植生产、质量控制等先进技术的引进，完善高附加值产地、食品加工、冷链的物流营销网络； ②以迪拜为基地，完成了全球清真食品的制造加工与流通营销服务网络
中南美	①采用日本的先进工艺，以中产阶级为主要目标，完善健康、放心、可口的饮食商品的制造、加工、冷链、配送服务等的物流营销系统； ②以输出欧美和第三国作为战略，在安全、放心的水产品的养殖、生产、物流、营销等领域构建产品生态圈
非洲	以"非洲发展会议"（TICAD）为基石，利用国际农业开发援助计划和为食物与水养分保障而建设的农业保障体系，以民间资本合作引进优质种苗与先进农业机器，并健全灌溉设施，采用先进的肥料技术等措施，以提高农业生产能力，降低工业生产成本，促进高附加值农产品加工和六次产业化，健全产品与消费国和第三国之间的循环营销网络
俄罗斯及中亚	加强对高旱区的农作物生长、灌溉、ICT、植物工场、质量技术管理等先进科学技术的引进，建立高附加值农产品、粮食加工、冷链服务的现代物流营销网络

　　为了推动"全球食品价值链战略"的实现，在日本区域政策中，综合利用双边战略对话、官民协议会等方式，除上述的区域政策之外，日本政府还在越南、印度尼西亚、缅甸和中国等主要的周边国家和区域积极推动双边战略对话体系的建设，从而提供了有助于日本农产品价值链海外建设的战略机会。此外，日本注重通过构建产学官协作机制的功能，来提升全球竞争力。根据"全球食品价值链战略"制定中存在的问题，日本政府提出了具体的九年计划，并确定了制定重点和主要任务。日本政府指出，该计划的具体实施必须成立产学官共同体，以合力的方式加以积极推动。

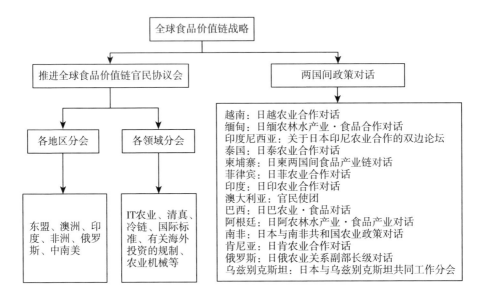

图 6-15　日本全球食品价值链的推进体制

资料来源：程永明. 论日本的"全球食品价值链战略"[J]. 日本问题研究，2020，34（1）：11.

6.4.2　中国粮油行业短板分析及全球价值链升级路径

（1）中国粮油价值链发展现状。国家粮食安全新战略要求"以我为主"，虽然粮食连年丰收，但同时暴露出一些问题。本部分将从粮油行业的生产、流通、加工、对外贸易四个环节探讨中国粮油行业发展现状。

从生产环节看，中国粮油生产在产量提升、生产成本、生产质量等方面都面临巨大的压力。在产能扩大方面，限于国内资源硬约束、耕地少、品质降低等问题，现阶段粮油稳产保供仍存在很大压力；在生产成本方面，我国粮油生产一直呈增长态势，纵观小麦、玉米、稻米三个主要粮油品类，2004—2020 年 16 年间每亩平均生产成本增加了 724.14 元，上涨 2.83 倍；在生产质量方面，中国粮油生产过程与发达国家的产品在质量方面差距明显，而且由于大量使用农药导致食品安全性也面临巨大的挑战。

从流通环节看，中国粮油行业在流通体系、物流体系、市场体系以及应对外资涌入等方面存在一定的问题。在物流配送系统构建领域，粮油的物流配送控制、物流运输分配方法、物流效率等领域都相对滞后；在市场体制构建方面，粮油产品价格扭曲、市场发展脆弱、市场成长条件和基础设施环境较差、对市场的引导功能发展不完善、国内粮油市场发展不健全等问题更加突出；在应对外商冲击方面，2009年以来，跨国粮商依靠强大的资本、资源优势以及发达的农业技术进入中国粮油行业，对中国粮油行业的竞争力、市场控制力可持续发展水平等产生了重大的影响，在大豆领域遭受的挑战也十分严峻。

从加工环节看，近年来，中国粮油生产企业无论在总量、规模还是在效益和能力上均有了明显的提高，但生产规模小、集约化水平低、产品和生产方式趋同、区域发展不均衡等问题普遍存在，制约了中国粮油行业的高速发展。首先，粮油生产的大规模建设导致了其不同程度地面临生产发展不够的困难；其次，当前中国粮油行业生产方式以简单生产为主，规模较小，无法充分发挥规模经济效应，同时也导致粮食加工产业链的拓展艰难，存在生产类型单调、科技发展水平滞后、生产方式同质化的现象；再次，相比发达国家，中国粮油行业不具备技术、资本等方面的优势，兴起时间较晚，易于被跨国粮商把持企业；最后，粮油生产的区域经济不均衡的情况也比较明显，资源丰富区域的生产面积小、技术含量低，而粮食加工产业成长快的区域却存在资源短缺的情况。

从对外贸易看，随着中国农产品对外开放的逐步增强和中国粮食安全新政策的实施，中国粮油市场与国际市场联系越来越紧密，为中国粮油走向国际市场提供了便利，但同时也面临着风险。首先，外国粮油的大规模进口对中国国内粮油价格的平稳发展造成了影响，同时大批的中低价国外粮油商品大量流入中国国内，导致了国内商品相对于同类海外商品的价格劣势更加明显，严重干扰了中国国内粮油的正常交易；其次，粮油对外贸易结构性风险也比较大，中国粮油外贸结构并不理想，且过分依赖国外市场，中国粮油进口来源市场集中在美国、巴西等国，加大了中国的进口结构性风险；再次，粮油产品缺乏国际竞争力，相较国际市场粮油产品，中国粮油产品既没有质量优势又没有价格优势，导致其在国际市场竞争中处于劣势；最后，中国的粮油外贸并没有绝对价格话语权，虽然中国粮油外贸总量较大，但因为对外贸易依存率很大，且进口原料市场比较集中，所以中国在全球粮油外贸过程中的话语权还很薄弱，没有绝对定价权。

（2）中国粮油价值链发展存在的问题。中国粮油企业价值链还不够成熟，关键性活动环节直接影响着粮油企业的竞争优势和价值增长，从而影响利润的实现。相比较发达国家粮油价值链升级模式，中国粮油价值链短板突出表现为以下几个方面：

一是价值链创新程度不足。在粮油产业发展方面，随着中国人民生活水平的日益提升，人民对粮油产业的消费开始不满足于传统的产品。目前中国多数粮油公司仍处在单一的技术当中，缺乏领先的开发科技，生产的粮油产品品质不够优良。在仓储信息网络服务领域，拥有健全的物流配送网络的粮油公司还相当少，多数粮油公司还是以线下实体店营销为主，产品销售渠道狭窄、管理成本高等问题始终存在。

二是价值链上下游断层。中国的粮油企业上下游产品价值链发展尚不完善，甚至产生了断裂。这将对粮油公司的利润产生负面影响，比如一些公司由于没有自己的粮油生产基地，生产原材料只能依赖于进口，进口的价格也只能受制于外资企业。如果是粮油的采购存在困难，将会直接制约粮油生产的工艺过程，从而降低粮油生产的利润。

（3）中国粮油价值链升级路径。借鉴发达国家价值链各环节的掌控模式及经验，对比当前中国在全球粮油价值链和全球粮油对外投资网络中所处的位置，结合本书第 3 章对于发展中国家利用农业对外投资布局促进价值链升级的理论机制分析，可从以下几方面投资布局促进粮油行业全球价值链升级：

一是加大对粮油大国生产环节的投资力度，促进横向深度嵌入升级。重点加强对俄罗斯、哈萨克斯坦、巴拉圭、阿根廷、巴西等粮油生产和出口大国生产环节的投资。总体来看，这些国家的资源丰富，尚有增产潜力，可在全球粮油投资网络中作为重要的被投资国嵌入网络中心。中国涉农企业既可利用这些国家的资源优势扩大生产规模，也可把握当地加工与流通体系尚不健全的潜在机会，提高农产品的定价权与渠道把控力，并可通过技术服务等形式提高发展中国家的农业综合生产能力，以便符合双方发展需求。在投资过程中，企业应规划与监督种植、生产、包装等标准，提高产品质量的稳定性与可控性，促进粮油行业在全球的精细化发展。考虑到发展中国家在生产技能等方面的不足，在农产品开发、加工等环节可对参与农业生产活动的劳动者开展专业技能训练，提高其专业技术能力，增加农业劳动力利用效率。只有保障生产环节的原材料制造基地运作和生产能力建设，才能提高粮油产品的生产效率，从而保证粮油产品在价值链各环节的顺利供给和有效运作，价值链各环节才能够连续获利。

二是加强对发达国家产前产后环节的投资，促进纵向延伸嵌入升级。全球粮油对外投资网络始终是由发达国家主导，企业内部的价值链特别是对粮源和营销网络的控制是影响企业盈利的关键。目前中国粮油行业在产前产后环节的对外投资份额明显偏低，位于价值链的底端。可通过并购等形式加强对发达国家在产前产后环节的投资，一方面学习借鉴当地的农业技术水平和管理经验，一定程度上弥补中国在粮油产品深加工、良种培育等高附加值环节存在的技术短板，提高中国在全球农业价值链中的前后向参与度和分工地位。另一方面能够分散和扩大中国现有的粮油对外投资布局，使中国逐步参与到发达国家主导的全球粮油投资网络中，提高中国在全球农业对外投资网络中的影响力和价值链分工地位。此外，还应注重盈利模式的创新。公司可以通过参考境外主要粮油公司的模式并根据自身的具体运作情况来完善模式中的不足，积极接受发达国家的技术转移与外溢促进技术水平上升，推动粮油价值链流程升级。

三是开展针对周边及"一带一路"沿线国家的全链条布局，促进价值跃迁式升级。新冠疫情全球蔓延后，全球主要粮食生产国和出口国相继在生产端出台了扶持本土农业生产的激励措施，在贸易端颁布了水稻、小麦等主粮出口限制措施，全球农业价值链在空间上有一定收缩，全球粮油大国将原本分散在各个国家和地区的价值链生产和流通环节归并整合，集中到某一个国家及相邻地区，具有向周边化和区域化转变的倾向。当前全球粮油对外投资网络以发达国家之间的双向投资为主，受投资环境等因素制约，对欠发达国家的投资较少，而中国的农业对外投资则集中在东南亚、中东欧等地区。据此，中国应利用在资本、技术等要素方面的比较优势，积极推进中日韩自贸区有关农产品贸易的谈判，有针对性地向周边国家及"一带一路"沿线国家开展对外贸易和投资，推动粮油行业区域性经济合作，这既可与发达国家形成错位发展，也可利用地缘政治优势深度参与区域农业价值链。中国与"一带一路"地区的经贸关系较好，可以以企业核心优势为基础，做强价值链的关键环节，进行针对性的研发与技术创新，从而逐步横向延伸公司核心技术资源，增强核心竞争力，进一步提高中国在亚太地区的农业价值链地位，逐步形成以亚洲为核心的最具有发展潜力的粮油行业经济增长点。

6.5 本章小结

本章聚焦粮油这一典型行业，从行业层面分析国际投资布局特征以及中国粮油行业在全球价值链中的分工地位，检验论证前述章节的研究结论。进一步地，挖掘美国和日本掌控全球粮油价值链各环节的模式和经验，结合中国粮油行业的发展现状，分析中国在全球粮油价值链中的短板，探索可能的升级路径。得出的结论如下：

（1）当前全球粮油对外投资网络密度和互惠性较低，美国、法国、德国、中国、日本等国家位于全球粮油对外投资网络的核心地位，并将投资链条延伸至其他发展中国家，建立起更为稳定和均衡的个体投资网络，俄罗斯、印度、巴西等新兴国家作为重要的被投资国镶嵌在投资网络的中心。

（2）与农业整体出口技术复杂度测度结果不同，谷类、油料等关系国计民生的农产品更多地掌握在资源大国手中，俄罗斯、乌克兰、哈萨克斯坦、巴西、阿根廷等传统农产品出口大国的出口技术复杂度相比发达国家更高。中国粮油产品的出口技术复杂度处于较低水平，分品种看，谷类和油料作物出口技术复杂度明显高于薯类和豆类农产品，出口结构有待进一步优化。

（3）美国对于全球粮油价值链的掌控模式是以农产品加工环节为核心，收储、物流和贸易环节形成三角支撑。日本通过"全球食品价值链战略"强化食品产业的国际竞争力，对不同的国家和地区实施特定的战略，并通过打政策"组合拳"的方式支持"全球食品价值链战略"的推行。

（4）与发达国家相比，中国粮油企业价值链还不够成熟，关键性活动环节直接影响着粮油公司的竞争力和价值增长，从而影响利润的实现，具体表现为价值链创新程度不足，以及价值链上下游断层等方面。为提升中国粮油行业在全球价值链中的分工地位，需加大对粮油大国生产环节的投资以及对发达国家产前产后环节的投资，开展针对周边及"一带一路"沿线国家的全链条布局。

第7章　典型企业对外投资布局与价值链升级路径研究

——以中粮集团为例

中国农业"走出去"的主体是企业，从微观层面剖析典型企业农业对外投资价值链布局特征、各产业对外投资区位选择的影响因素、经验与发展瓶颈、政策诉求等具有重要的现实意义。该部分聚焦具体微观案例分析，作为对以上宏观和中观层面分析结果的验证和补充。选择中粮集团作为案例，结合相关研究、媒体报道以及访谈资料等，采用扎根理论剖析企业投资区位、投资动机、投资模式及其所处价值链环节之间的内在逻辑关系，从微观层面了解企业投资现状、战略决策与发展需求等。进一步地，选择中粮集团的典型并购案例，剖析企业的战略选择、价值链升级模式以及效果。

7.1　研究方法与数据来源

7.1.1　企业简介

选择中粮集团作为研究对象，是因为它是中国农业"走出去"的代表性企业。中粮集团成立于 1949 年，改革开放后，中粮集团在根据自身实际情况继续从事国内粮油食品加工产业的同时，也积极对外拓展，建立了许多分公司和办事处，加大与国外企业的合作力度。其对价值链产前产后环节的有效掌控和有机协同，从而形成整体核心竞争力的发展模式对于中国企业具有较高的参考价值。

中粮集团的资产布局覆盖南北美洲、欧洲、非洲和大洋洲，致力于成为全球谷物、油籽和糖供应链中的领先企业。中粮集团对外投资区位选择具有明显的技术导向和资源导向特征，一是向发达国家投资，通过逆向技术溢出实现纵向延伸嵌入升级，例如，对澳大利亚第四大糖厂 Tully 的收购提高了中粮集团的食糖加工能力，降低了中国进口食糖的成本。二是向全球粮食主产区投资，实现横向深度嵌入升级，例如，对来宝农业和尼德拉集团的收购获得了南美、非洲等地区的粮源；在粮食生产和出口大国乌克兰投资新建码头，通过建立分销渠道把农产品从低成本地区销售到高需求地区，其对外投资区位布局历程如图 7-1 所示。

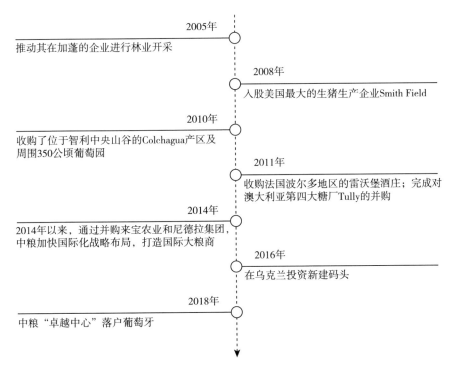

图 7-1　中粮集团对外投资区位布局历程

注：根据中粮集团官网资料绘制。

7.1.2　数据收集

为了充分借鉴专家学者和媒体舆论对中国农业企业对外投资的观点，本章广泛收集了相关的文献资料，包括中英文学术论文和媒体报道。分别选择中国知网（CNKI）和 Web of Science 作为中英文学术文章的来源。

中国知网是集国内外期刊、博士生论文、硕士生论文、国际学术会议文章、电子报刊、工具书、年鉴、发明专利、国际标准、国学、海外文献研究等资料于一身的、具有全球领先水平的网络发布平台。Web of Science 是一个大规模、综合、多专业的国际核心期刊科学引文索引数据库，其中包括 8 000 多种由同行专家评审的世界上最具影响力的高质量期刊。中国知网和 Web of Science 所包含的文章较为全面且有影响力，适合开展深入的文献分析。在中国知网以"中粮集团　对外投资""中粮集团　走出去"为主题，分别检索到 21 篇、58 篇中文文献；在 Web of Science 以"COFCO"为主题检索到 38 篇英文文献。

为了理清中粮集团农业对外投资价值链布局的内在逻辑，同时选择将一些媒体报道也纳入分析。2021 年 12 月 22 日，在微软必应搜索（国内版）再次以"中粮集团　对外投资""中粮集团　走出去"为主题进行搜索，分别有 15.50 万份、5.79 万份相关的媒体报道。由于网络资料庞杂且前后有重复性，因此分别选择前十页的相关报道研读并进行分析。尽管用于分析的媒体报道只是所有报道的一小部分，但关于中粮集团对外投资的主要观点已基本饱和，关键信息都已被充分考虑。

此外，课题组也与中粮集团的相关负责人进行了座谈交流，了解到了企业对外投资的一手资料。

从以上资料能够了解到专家学者、大众媒体以及利益相关者的不同声音，避免了采取片面的观点和态度得到有偏颇的结论。通过收集这些文件，基本掌握了中粮集团对外投资的所有关键信息，为下一步的资料分析和模型建设打下了基础。

7.1.3　研究方法

本章采用扎根理论研究方法处理文献和调研资料，从理论上分析农业对外投资的区位选择问题。它是一个由下到上构建社会实质研究对象的基本方法，它在系统性搜集信息的基础上找出反映社会现象实质特征的基础概念，进而利用这些概念间的相互关系建立相应的社会基本理论，它填补了理论与数据资料之间的鸿沟。在现有文献、媒体报道和调研访谈的基础上，通过归纳、比较和分析，逐步产生概念，理清逻辑关系，最终形成新的概念或理论（Glaser et al.，1967；Parry，1998）。中国农业对外投资价值链布局在宏观层面涉及中国和东道国的政治、经济和社会等领域，在微观层面涉及多元投资主体、投资模式等，各影响因素之间的结构和内在逻辑关系是复杂的，这种复杂的关系通过前面章节的定量研究方法难以完整和清晰地展现。采用自下而上的扎根理论研究方法研究类似宏观又复杂的结构化问题是合适的，一定程度上可以弥补数理统计研究方法的不足。数据的逐步编码是扎根理论中最重要的部分，涉及三个阶段的编码（图7-2）。第一级编码（开放式登录）是分解收集的数据，从数据中发现概念，并对研究现象进行命名和分类的过程。二次编码（主轴登录）的主要任务是发现和构建概念类别间的关联，并描述数据中不同部分间的有机联系。三级编码（选择式登录）是在对每个发现的概念类型加以分析后得出的"核心类别"。

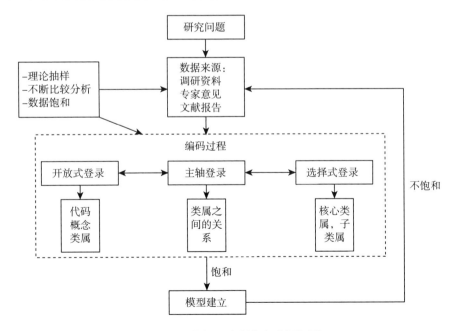

图7-2 扎根理论研究方法框架图

（1）开放式登录。在开放式登录阶段，紧紧围绕中粮集团农业对外投资价值链布局这一核心研究问题，从资料中提取相应的观点。在这个过程中，需要逐字逐句解析相关资料，尤其是可用作代码的语句，找出这些语句中相同或意思重复的有关词汇，这些大量重复的词汇能够代表现象的内涵，称为初始概念。本书的概念化阶段，共提取了 266 条语句和 69 个初始概念，并根据文字或调研材料的关键词或句子的含义对这些概念进行命名。考虑到初始概念数量较多且具有相当程度的交叉，基于研究需求和概念之间的相似性、类型、因果以及从属关系，将与同一现象相关的概念归为一类，最终形成了 20 个概念类属，分别为国家政策、资源导向、企业发展、粮食安全、连接供需、生产能力、市场需求、粮食主产区、粮食主销区、订单农业、可持续发展战略、建设伙伴关系、控制物流节点、法律风险、社会风险、地缘政治风险、市场风险、合作模式、政策支持和服务、风险评估。表 7-1 和表 7-2 展示了研究过程，通过举例说明如何将这些陈述或现象归纳为初始概念，进而将这些概念归类为概念类属。

表 7-1　概念化与范畴化示例

现象/语句	概念	范畴
中国的"一带一路"倡议将大大改善沿线国家与中国市场的联系 a_1、···、是我国粮食国际化战略的需要 a_2、···、为促进农业"走出去" a_3、···	A_1 "一带一路"倡议（a_1···）、A_2 粮食国际化战略（a_2···）、A_3 农业"走出去"（a_3···）	AA_1 国家政策（$A_1 \sim A_3$）
在新冠疫情防控期间，粮食和农业的重要意义进一步凸显 a_{12}、···、新冠疫情凸显了增强粮食供应链抗风险能力和改变人与自然关系的迫切性 a_{13}、···、有助于实现联合国 2030 年可持续发展愿景 a_{14}、···	A_{12} 新冠疫情（a_{12}···）、A_{13} 粮食供应链（a_{13}···）、A_{14} 可持续发展目标（a_{14}···）	AA_4 粮食安全（$A_{12} \sim A_{14}$）
提高粮源采购能力 a_{15}、···、提高在高增长市场的份额 a_{16}、···、创建一个世界级的一体化全球农业供应链 a_{17}、···、我们通过各种交易平台连接供需 a_{18}、···	A_{15} 粮源采购（a_{15}···）、A_{16} 市场份额（a_{16}···）、A_{17} 全球农业供应链（a_{17}···）、A_{18} 交易平台（a_{18}···）	AA_5 连接供需（$A_{15} \sim A_{18}$）

（续）

现象/语句	概念	范畴
例如巴西和俄罗斯幅员辽阔，拥有丰富的土地资源和水资源，具备农业发展的基础要素 a_{19}、…、农业资源利用率较低，增产潜力很大 a_{20}、…、主要得益于农业政策的适时调整 a_{21}、…	A_{19} 资源优势（a_{19}…）、A_{20} 增产潜力（a_{20}…）、A_{21} 农业政策（a_{21}…）	AA_6 生产能力（$A_{19} \sim A_{21}$）
我们了解不断增长的人口带来的挑战和机遇 a_{22}、…、以满足世界不断增长和变化的需求 a_{23}、…	A_{22} 需求增长（a_{22}…）、A_{23} 需求转变（a_{23}…）	AA_7 市场需求（$A_{22} \sim A_{23}$）

注：为节省篇幅，本表仅展示了下文中"导向"这一核心类属对应的现象、概念化和范畴化步骤。表中每个概念仅以一种现象为例，其他归纳为同一概念的现象用"…"代替。

表 7-2 开放式登录得到的概念和范畴

范畴	概念
AA_1 国家政策（$A_1 \sim A_3$）	A_1 "一带一路"倡议、A_2 粮食国际化战略、A_3 农业"走出去"
AA_2 资源导向（$A_4 \sim A_6$）	A_4 地广人稀、A_5 水土质量、A_6 物产丰富
AA_3 企业发展（$A_7 \sim A_{11}$）	A_7 坚持质量、A_8 耕地限制、A_9 粮食缺口、A_{10} 结构调整、A_{11} 产品竞争力
AA_4 粮食安全（$A_{12} \sim A_{14}$）	A_{12} 新冠疫情、A_{13} 粮食供应链、A_{14} 可持续发展目标
AA_5 连接供需（$A_{15} \sim A_{18}$）	A_{15} 粮源采购、A_{16} 市场份额、A_{17} 全球农业供应链、A_{18} 交易平台
AA_6 生产能力（$A_{19} \sim A_{21}$）	A_{19} 资源优势、A_{20} 增产潜力、A_{21} 农业政策
AA_7 市场需求（$A_{22} \sim A_{23}$）	A_{22} 需求增长、A_{23} 需求转变
AA_8 粮食主产区（$A_{24} \sim A_{27}$）	A_{24} 南美、A_{25} 北美、A_{26} 黑海、A_{27} 澳大利亚
AA_9 粮食主销区（$A_{28} \sim A_{30}$）	A_{28} 亚洲、A_{29} 欧洲、A_{30} 中东
AA_{10} 订单农业（$A_{31} \sim A_{34}$）	A_{31} 卖粮难、A_{32} 多方参与、A_{33} 指导种植、A_{34} 产业闭环
AA_{11} 可持续发展战略（$A_{35} \sim A_{39}$）	A_{35} 利益相关者、A_{36} 智能化、A_{37} 尊重人权、A_{38} 改善生计、A_{39} 管理环境影响
AA_{12} 建设伙伴关系（$A_{40} \sim A_{43}$）	A_{40} 销售渠道、A_{41} 专业服务、A_{42} 资金、A_{43} 互利互惠
AA_{13} 控制物流节点（$A_{44} \sim A_{48}$）	A_{44} 运输网络、A_{45} 分销网络、A_{46} 出口和贸易中心、A_{47} 全球海运物流、A_{48} 大型现代化船队

（续）

范畴	概　念
AA_{14}法律风险（$A_{49}\sim A_{50}$）	A_{49}毁约风险、A_{50}利益联结
AA_{15}社会风险（$A_{51}\sim A_{52}$）	A_{51}文化差异、A_{52}人才短缺
AA_{16}地缘政治风险（$A_{53}\sim A_{54}$）	A_{53}敏感性、A_{54}政治动荡
AA_{17}市场风险（$A_{55}\sim A_{58}$）	A_{55}价格波动、A_{56}不确定性、A_{57}流通成本、A_{58}交易风险
AA_{18}合作模式（$A_{59}\sim A_{60}$）	A_{59}政府担保、A_{60}低息贷款
AA_{19}政策支持和服务（$A_{61}\sim A_{67}$）	A_{61}资金支持、A_{62}信息服务、A_{63}人才培训、A_{64}保险服务、A_{65}税收减免、A_{66}法律服务、A_{67}运输补贴
AA_{20}风险评估（$A_{68}\sim A_{69}$）	A_{68}价格预测、A_{69}投资分析

（2）主轴登录。开放式登录得到的各个概念类属之间的关系比较模糊，中国农业企业对外投资区位价值链布局的全景和内在的逻辑关系尚未清晰呈现。在主轴登录阶段，将概念类属放回原始数据中，在深入了解研究背景和研究对象的基础上，建立各组概念类属之间的关系，得到核心类属。在讨论了各个类属之间的关系后，建立了一个基于农业企业对外投资区位选择的理论模型，该理论模型着眼于企业农业对外投资的价值链布局现状、布局规律、遇到和待解决的现实问题及其内在的逻辑关系，是对企业投资实践的理性归纳和总结（图7-3）。根据中国农业企业对外投资布局的逻辑，本章将20个概念类属归纳为5个核心类别，即导向、区位、模式、困境、对策。"导向"是指企业投资区位选择的动机和战略目标，即为什么要选择前述国家和地区开展农业对外投资，这些国家和地区有哪些优势吸引企业"走出去"。"区位"是指中粮集团农业对外投资分布的主要国家和地区，即企业的区位布局现状。"模式"是指企业在东道国实践过程中形成的较为理想的、本地化且可持续的投资模式和相关经验，该种模式对于当地社会以及企业自身都将带来经济和社会收益。"困境"是指企业在投资过程中遇到和待解决的主要问题以及发展诉求。"对策"是指解决上述问题的建议，主要针对中国政府和企业自身。例如，核心类属之一的导向包括国家政策、资源导向、企

业发展、粮食安全、连接供需、生产能力、市场需求，这几个因素直接关系到企业对外投资的行为动机和战略导向。从纵向看，可根据农业价值链的环节分为产前环节、产中环节和产后环节三大核心类属。本书选取导向、区位、模式、困境和对策这 5 个核心类属开展分析，具体剖析企业价值链环节布局的前因后果以及内在逻辑。

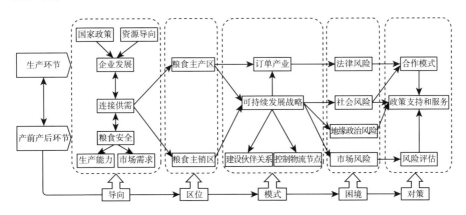

图 7-3 价值链视角下农业企业对外投资区位选择的概念模型

7.2 中粮集团对外投资布局与嵌入模式

经过开放式登录和主轴登录两个阶段的分析，形成的概念类属基本涵盖了农业企业对外投资的目标导向、区位布局、投资模式、投资困境和对策建议各方面。核心类属与各个概念类属之间的逻辑关系已经比较清晰，收集的信息基本饱和，可以开展典型企业价值链布局的模型构建与分析。

7.2.1 价值链布局现状

中粮集团深耕价值链两端环节，致力于提高粮源采购能力以及在高增长市场中的份额，实现长期、可持续和营利性增长。目前，中粮国际在 36 个国家或地区拥有 1 万多名员工，从事包括谷物、油籽、糖、咖啡和棉花在内的大宗商品的采购、储存、加工、运输和贸易。2020 年，共经营了超过 1.31 亿吨大宗商品，收入达到 330 亿美元。

从投资区域看，中粮集团以负责任的方式连接全球粮食供需。一方面，立足全球主要粮食需求地区——亚洲，其不断增长的人口带来了可预测且稳步增加的食品消费，这是中粮集团成功的基础和关键。另一方面，中粮集团利用其稳健的商业模式和强大的贸易网络嵌入全球主要农产品生产国和出口国，如南美、北美、澳大利亚以及黑海地区，并在全球主要出口和贸易中心设立物流节点，如巴西的桑托斯、阿根廷的罗萨里奥、美国的圣路易斯、罗马尼亚的康斯坦察以及澳大利亚的肯布拉等。其价值链布局如图 7-4 所示。

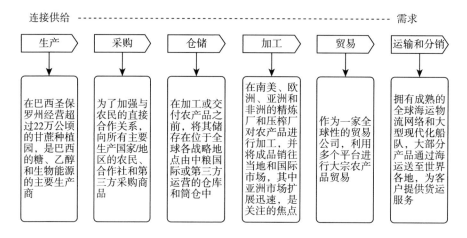

图 7-4　中粮集团价值链布局现状

注：参考中粮国际《2020 年可持续发展报告》整理绘制。

分产品看，中粮集团将谷物和油料作物的战略重点放在四个原产地——美国、巴西、阿根廷和黑海以及三个主要供应地区——中国和东南亚、欧洲、中东，其中 60% 的谷物和油料业务位于南美洲。中粮集团利用在巴西、阿根廷、乌拉圭和巴拉圭的长期合作关系和庞大的仓库和物流设施直接从南美的农民那里采购油籽和谷物；在黑海地区，从乌克兰和俄罗斯采购、储存、加工和出口小麦、玉米、大麦和油籽，并销往欧洲地区，如意大利、西班牙、葡萄牙、法国、土耳其、罗马尼亚、匈牙利、英国、荷兰等；中东地区的仓储和配送业务主要位于沙特阿拉伯、约旦、埃及和阿联酋；此外，中粮集团也从澳大利亚采购、储存和出口小麦、大麦和油籽。除谷物外，中粮集团也建立了糖类产品的全球交易平台网络，从美国、巴西、日内瓦、迪拜、新德里、曼谷、上海、新加坡等地采购散装原糖和白糖并销往中东、北非和亚洲等市场，中粮集团现已成为巴西最大的糖和乙醇生产商之一。同时，中粮集团也是全球领先的咖啡商之一，从亚洲、非洲、中南美洲当地的生产商、出口商和经销商处采购咖啡豆并直接销售给欧洲、美国和亚洲的跨国烘焙商。咖啡的采购业务现在位于印度尼西亚、巴西、印度和哥伦比亚，可以直接参与世界上大部分的咖啡生产，其中巴西的阿尔芬纳斯是世界上最重要的咖啡种植区之一，中粮集团在该地区拥有完全自动化的分拣设施。中粮集团的棉花业务总部位于美国田纳西州的孟菲斯，在美国经营三个仓库：田纳西州的孟菲斯，南卡罗来纳州的格林维尔和得克萨斯州的达拉斯，总面积为 11.5 万平方米，并在中国、巴西、印度、土耳其、西非和印度尼西亚等国家（地区）设有商业办事处，以支持中粮集团在世界主要棉花生产和消费市场的业务。

7.2.2 投资区位选择的影响因素

强大的农业生产能力和日益增长的市场需求是中粮布局价值链两端环节的重要动机。始于研发和技术的农业服务、全球信息共享的风险控制系统、粮源的控制、最大化利用的加工效率以及关键物流节点的布局，共同组成了中粮集团在南美以及黑海等地区的农产品价值链，而这条价值链的另一端连接的则是中粮在亚洲等粮食需求增长较为迅速地区的终端生产和分销体系。最终，国际农产品主产区最具竞争力的农产品，通过中粮集团最高效的组织体系、最便捷的物流网络以最低的营销成本运送到农产品需求高的亚洲等地区。南美作为全球重要的农产品生产和出口地区，拥有丰富的水土资源，是中粮集团农业对外投资布局的重点地区。以巴西为例，巴西总人口不及中国六分之一，2020 年耕地面积却达到 8.36 亿亩，占土地面积的 6.7%，且未开垦土地面积位居世界第一，仍具备较大的农业开发潜力（图 7-5）。此外，以政府为主导的农业科技创新系统为巴西农业带来了可预见的生产效率的提升。

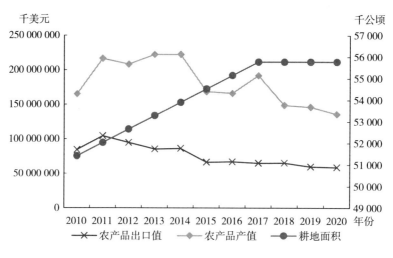

图 7-5　巴西农业发展情况

注：数据来源于 FAO。

亚洲日益增长的农产品需求是中粮集团开展海外业务的重要保障。根据对中粮集团相关负责人的调研得知，中粮集团从国际市场上收购的粮食，有 70%～80% 运回国内，满足中国农产品需求。中国作为全球人口大国，也是全球最大的粮食进口国和消费国。从我国农业发展的内外部环境看，现阶段，我国农业要素禀赋与改革开放前相比发生了根本变化，资本和研发投入占全球的比重大幅提升，劳动力占比下降，耕地、淡水等自然资源要素更为短缺（江小涓等，2021）。受中国境内资源禀赋影响，中国必须利用从国外市场进口农产品来解决国内需要，油脂油料、肉类、食糖和乳制品等是国内目前较为短缺的农产品，这与巴西、阿根廷等地区的主要优势农产品形成互补。由于中国人数的增长、城市化步伐的推进和国民消费构成的进一步增加，未来中国的食品供给缺口将会进一步增加，估计到 2025 年，中国的进口食品将会超过国内消费总额的 20%，这也将成为中粮公司迅速成长的巨大契机。

7.2.3　投资模式

以伙伴关系和可持续的方式控制上游原材料种植领域、强化下游物流贸易体系是中粮集团的战略核心。中粮集团的价值观是诚信、包容、创新、可持续，致力于为所有的利益相关方创造积极、可持续且长久的价值，以更智能、更可持续的方式耕种、加工、运输、贸易和分销商品，提高供应链的效率。近年来，突发的新冠疫情凸显了增强粮食供应链抗风险能力、改变人与自然关系的迫切性。中粮集团"满足未来所需"的可持续发展战略，将有力地推动海外业务和供应链的变革，致力于在全球政治和经贸形势复杂、气候变化、全球农产品产量和原材料价格波动的背景下优化业务工作，从而有效满足不断增长的粮食需求并为利益相关者创造价值，打造一个更具韧性的全球粮食体系（图7-6）。这与联合国全球契约的原则一致，有助于实现联合国2030年可持续发展的目标。

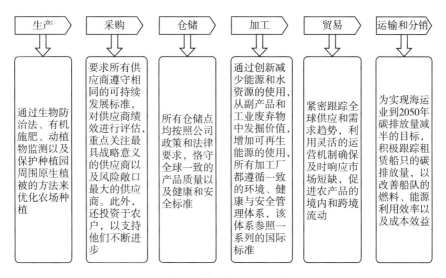

图7-6 中粮集团价值链各环节的可持续发展行动

注：参考中粮国际《2020年可持续发展报告》整理绘制。

一方面，建立可持续的伙伴关系加强对价值链上游粮源的掌控。为了可持续地满足全球日益增长的大宗农产品需求，中粮集团与供应商密切合作，以提高生产率，同时提升供应链中的社会和环境标准。在投资过程中尊重当地社区和土著居民的法定和约定俗成的土地权，专门制定了一项负责任的土地购买和租赁政策。中粮集团力求与农民建立更直接的关系，帮助改善他们的生计，通过为东道国的大小农户提供专业的服务以及独一无二的渠道，使他们能够直接进入不断增长的中国市场。例如，中粮集团与美国第二大农民合作社 Growmark 合作，直接获得北美谷物，而 Growmark 合作社的美国农民也可利用中粮集团的分销和营销能力进入全球市场。同时，中粮集团与农业社区开展密切合作，提供资金和专业知识，建立互惠互利的长期关系，从而能够直接从农民那里购买更多的商品，使所有利益相关者受益。

另一方面，重视关键物流节点的建设以强化价值链下游贸易网络。中粮集团建设的全球海运物流和大型现代化船队有助于确保货物安全及时地交付，据统计，在任何时间，中粮集团都有 200 艘船在运输中。中粮集团在全球粮食主产区都建设了物流设施，在巴拉圭拥有驳船装载设施，在阿根廷罗萨里奥和巴西桑托斯的主要港口设有出口设施，利用稳健的商业模式和强大的贸易网络进入世界最重要的农业生产地区，包括南美、北美、黑海地区和澳大利亚等。例如，中粮集团利用巴西完全集成的物流管道和转运码头建设了一条完整的糖供应链，该码头从附近的工厂接收原糖，这些产品先是储存在中粮自己的仓储设施中，然后运输到在巴西自己建设的码头，并将产品发往中东、北非和亚洲地区。

7.2.4 投资困境与对策措施

市场和地缘政治风险是中粮集团贸易环节面临的主要风险。一方面，农产品的行业特质导致市场流通成本高，面临较高的市场风险。农产品高度依赖自然环境，具有很强的地域性、生产周期性和易腐性特征，但消费需求的分散性使得农产品需要跨地域、跨时期销售。在此过程中，农产品的运输、储存均需要特定的设备，造成农产品流通资产的专用性和退出成本均很高。中粮集团的粮油资产主要分布在南美洲，如阿根廷、巴西等国家，而农产品的主要需求和分销地区在亚洲，并在北美、欧洲等地均建立了大规模的仓库和物流设施，建设和维护这些资产需要大量的资金。此外，农产品也易受洪涝、干旱等自然风险影响而减产，造成农产品市场价格波动以及国际竞争加剧，将进一步加剧农产品市场风险。另一方面，为肩负起作为国企的责任，中粮集团一直积极响应国家外交政策，努力为扩大中国对外经贸合作提供支持。但有些国家充斥着政局动荡、战争、国家间的政治冲突等不稳定因素，在该地区开展农产品加工和贸易会面临较大的地缘政治风险。

国际化人才短缺和文化差异是中粮集团运营环节面临的难题。2014年，中粮集团响应国家"走出去"号召，收购来宝农业和尼德拉集团，完成了全产业链布局。但由于缺乏经验、并购后的企业整合时间长、问题多、成本高，并未达到预期效果（惠敏，2017）。究其原因，主要问题在于文化差异。文化根植于所处的社会环境，两个社会环境下的企业整合必然要面临不同文化和价值观的碰撞。中粮集团作为国企，其管理体制和行为模式受国家政策影响，必然是带有中国特色的。而尼德拉集团作为家族企业，虽然业务规模大，但其管理体系体现着浓厚的家族气息，与中粮集团的国企性质相容困难。两个企业管理层不同的成长环境以及接受的不同教育，也造成了企业行为模式的差异。这些由于环境文化差异产生的风险最终将会影响并购的成效。另外，随着中粮集团海外业务的不断扩大，国际化人才短缺的问题将逐渐凸显，特别是既具备实际运作经验、又精通海外业务和国外政策法规的高层次人才明显不足。

针对投资过程中的市场风险和地缘政治风险，中粮集团每周会定期举行市场行情研讨会，判断国际农产品市场行情和农产品价格波动情况。在开展海外业务之前，会充分了解当地的投资环境、文化等方面，合理、客观地评估相关风险。同时，中粮集团将国内作为最大的农产品需求市场，积极研究国内政策变化，并与国际市场变化相结合，控制农产品贸易环节的风险。为解决企业经营过程中的人才短缺和文化差异问题，中粮集团联合厚朴基金等投资公司，这些投资公司熟悉市场、经验丰富，与中粮集团形成利益共同体，对于中粮集团的内部治理能起到监管作用。通过这种方式，中粮集团有效掌控了海外资产配置、企业运营等各个方面。此外，中粮集团总部也会外派熟悉业务的人管理海外子公司，确保中粮集团理念的传达和国家意愿的有效执行。尽管中粮集团凭借雄厚的实力能够防范和控制部分投资风险，但仍需要政府提供相应的融资、信息、税收、法律、人才培训、海外保险等方面的服务和政策支持（赵贝贝，2015）。

7.3 中粮集团实现价值链纵向延伸嵌入升级的典型并购案例

鉴于中粮的国有企业属性和经营范围，如果在国外租用农田开展初级农业生产，可能会受所在国立法、财政等诸多方面的约束，最关键的是在农业贸易领域也有遭遇反倾销案件的可能。但由于境外发展绿地项目投资周期长、经营风险高，对国有资本保值增值是不利的，这也导致了中粮集团在短期内难以实现境外发展计划（鲁锡杰，2018）。综合上述各种考量，中粮提出了境外并购优先发展的策略。2008—2016年，中粮集团相继进行了十余起兼并，尤其是顺利兼并了荷兰的尼德拉有限公司（以下简称尼德拉集团）和中国香港的来宝农产品有限公司（以下简称来宝农业），一举提高了中粮集团在世界粮商中的影响力，并积淀了大量宝贵的国际并购经验，由此也为中国大型国有企业境外并购提供了可参考的范本，也为其进一步打通中外农业产业链的连接奠定了基石。

7.3.1 并购案例梳理

（1）案例背景。为探索世界经济共同增长之路，习近平总书记于2013年提出共建"一带一路"的倡议。在中国农业"走出去"的战略格局下，中粮提出了境外收购优先发展的经营策略。大宗农产品交易市场低迷，资产交易价值陷入阶段性低谷，也给中粮并购带来了良好的发展机会。

（2）并购方。对于来宝农业和尼德拉集团的海外收购，是由中粮集团和厚朴基金为首的资本集团共同完成的（周露露，2017）。中粮集团是中国国资委直接管理的中央企业。厚朴基金创立于2007年，是由当时全球首屈一指的国际投资银行高盛集团的合伙人方风雷所创办的一个私募股权基金企业，致力于成为全球水准的私募股权投资。本次收购，由中粮集团拥有 60％股份，投资集团拥有 40％股份。同时中粮集团还协同中国主权财产基金中国投资有限公司共同组建了中粮海外控股，并计划将其打造成中国农粮行业的海外投资与管理平台。企业的重要投资者都是全球排名前三位的金融机构投资人，分别为美国主权财富基金、中国淡马锡资本。投资集团成员都具备良好的管理团队和丰富的海外投资经历，为本次收购成功提供了资本保障并减少了一定的经营风险。

被收购者主要包括来宝农业和尼德拉集团。来宝集团创建于 1998年，公司总部设在中国香港，主要经营粮油籽收购、生产与营销、糖的生产与制造和糖厂经营管理等，是行业内世界领先企业。其成熟的配送平台，可以帮助企业迅速把商品从低成本区送到高需求地区，从而达到对资金的合理调度。至 2013 年 12 月底，来宝集团旗下的来宝农业的净负债已经超过了 25 亿美元，而净资产只有 28 亿美元。尼德拉集团是世界领先的国际特色农业贸易商，1920 年创建于荷兰鹿特丹。截至 2014年，尼德拉集团凭借卓越的经营团队以及重要的国际采购渠道和国际贸易平台，现已在世界 18 个成员中开展农业营销与国际贸易服务，商品已远销世界 60 余个国家。尼德拉集团在南美的粮源和种子贸易中都处于优势位置。

（3）并购过程。中粮公司对来宝农业和尼德拉集团的收购总体比较成功，于 2015 年组建了中粮国际，并借助中粮国际成功实现了对两家企业的完全收购，是中国国内农业领域比较大规模的并购方面的典型案例。具体并购过程如表 7－3 所示。

表 7－3　中粮集团并购来宝农业和尼德拉集团的历程

时间	大事记
2014 年 2 月 28 日	中粮集团已与尼德拉集团签订合同，将获得其 51％的股份，并与其形成了战略合作关系
2014 年 4 月 2 日	中粮集团已与来宝集团签约，将以约 15 亿元的价格，获得来宝集团旗下的来宝农业 51％的股份（全现金交易）

（续）

时间	大事记
2014 年 9 月 30 日	"中粮来宝"由两家公司联合组建，由中粮集团连同投资集团掌控 51％，来宝集团掌控 49％
2014 年 10 月 14 日	中粮集团与尼德拉集团表示，双方在 2014 年 2 月 28 日进行的收购协议已通过审查并已实现交割，由中粮集团联同投资集团控股 51％
2015 年 5 月 12 日	中粮来宝董事会宣布，任命原 ADM 集团副总裁 Matt Jansen 先生为中粮来宝首席执行官
2015 年 5 月 15 日	中粮和中投共同组建了一个新的控股公司"中粮国际"，中粮集团和中投公司分别持股 80.1％和 19.9％
2015 年 12 月 22 日	来宝集团将和中粮集团进行战略合资，由中粮集团下属的中粮国际以 7.5 亿元购买来宝集团所拥有的中粮来宝农业 49％的股份
2016 年 3 月 3 日	中粮国际公告，其收购的中粮来宝农业剩余的 49％股份交易顺利交割，中粮来宝农业更名为"中粮农业"
2017 年 2 月 28 日	中粮国际宣布完成收购尼德拉集团 49％的剩余股份，中粮集团总裁兼中粮国际董事长于旭波任命中粮集团副总裁兼中粮国际 CEO 迟京涛为尼德拉集团的新任 CEO

（4）经验借鉴。中粮通过并购来宝农业和尼德拉集团的实践，为中国农业企业"走出去"提供了有效的实践参考。一是创新并购方式。中粮控股收购来宝农业选择了多样化的投资方式，通过引进境外资金，建立国际融资集团，就可以在保持公司资本供应稳定的同时，实现企业并购。而公司在开展企业对外融资之后，也要吸取经验，通过采用多样化的投资手段，分散企业经营风险，并为公司以后的资金回笼创造条件。二是注重企业资源整合。企业进行收购时，后期的运营和整合十分关键，要形成完备的整体方案，分级分步完成，做到资源共享，提高公司运作效能和获利水平。三是注意时机取舍。涉农并购案件中，一般在收购对象存在运营困难和经营风险时，以最低报价进行收购。因此农业企业在进行海外投资时要审时度势，慎重选择投资机会，力争用最少成本获取最高收益。

7.3.2　中粮集团优化投资区位促进价值链纵向延伸嵌入升级的实现路径

中粮集团是通过控制粮源和拓展网络的投资战略实现纵向延伸嵌入升级的。具体来看，一是向南美等粮食主产区拓展种植业服务，加强对粮源的掌控；二是向欧洲、中东等农产品高需求地区建立物流资产，拓展营销网络。

（1）向南美等粮食主产区拓展种植业服务，加强对生产环节粮源的掌控。从农业资源视角来看，为降低生产成本、保障农产品的安全供给，未来世界经济体对境外资源的竞争将白热化，而中国人均资源少的基本国情决定了未来对境外资源的依存度会进一步提高。因为国内的技术限制，粮油产品生产尚未形成规模效应，因此国内的粮油成本明显超过了国外，再加上近些年日益增加的人工耗费，使得粮食生产成本过高，国内的粮油产品价格已远超国外粮食油价。从原材料来源看，目前，中国国内外主要粮油公司的原材料有三个来源，一是通过企业直接向特定农民购买，二是建设自己的产品基地，三是直接面向社会收购。这三个来源的原材料在农业丰收的时节，供给都比较充裕，但如果遭遇自然灾害等因素便会导致中国国内原材料市场价格震荡。中粮集团凭借尼德拉集团种业的全球领先能力，向阿根廷、巴西、巴拉圭、乌拉圭等粮食主产区拓展种植业服务，将以较低的价格稳定地从该地区购买黄豆、稻谷等粮油生产基础原材料，并利用其完善的国际物流交易网络把这种资源带入中国国内。这样一方面能够解决国内外对粮油的需求量，另一方面还能够利用跨区生产和规模经营来降低产品成本，平衡国内外粮油产品价格，以增强对第一手粮源的利用控制能力（于旭波，2017）。

从并购效果看，中粮集团在技术服务环节提升了话语权。尽管和四大粮商比较，中粮集团对种子和核心产品技术领域的掌握还较少，但在世界谷物国际贸易领域的话语权已大大提高。被并购方尼德拉集团作为世界著名的农产品国际贸易公司，与全球 18 个主要进出口国开展了谷物营销和国际贸易服务，并购后，中粮集团在对南美粮源的掌控和技术领域均取得了优势。2020 年，中粮集团开展了 ISO 小麦、稻米、黄豆国际标准的制修订工作。中粮公司联手 ADM、邦吉、嘉吉、路易达孚公司等全球粮商，在瑞士日内瓦组建了数字化农产品贸易有限公司，以实现中国大宗农产品贸易的规范性、数字化和现代化，使全球农产品贸易变得简单、安全和高效。中粮生物科技还拥有中国谷物加工国家技术研发中心、国家能源与生物固体燃料研究（实验）中心、一个国家产业工程技术研究所和三个国家博士工作站，均着眼于国内产业发展，重点围绕中高技术、高附加值的产业项目开展了工程化研发，使项目成果尽快转换为社会生产力，并推向国际市场。目前，中粮生物科技已累计申报的 900 多项发明专利和实用新型发明专利中，已取得国家授权发明的专利有 360 多项。

（2）在欧洲、中东等农产品高需求地区建立物流资产，拓展营销网络。在并购前，因为受国内粮食贸易政策的影响，中粮集团的海外物流营销网络始终未能完全开通。与 ADM 等海外粮商相比，中粮集团缺乏自己的粮食运输码头，也缺乏自己的物流设备。对终端消费市场而言，中粮集团的品牌影响力还远远不够。通过并购，中粮集团迅速获得了来宝农业和尼德拉集团遍及世界各地的成熟营销交易网络，并迅速在欧洲、中东地区的粮油产品高需求地区形成了自己的物流、营销、交易网络，在海外采购的粮食存储可直接面向终端市场营销，在来宝农业、尼德拉集团的平台基础上迅速形成了中粮出口的高端品牌，扩大了全球化格局，并深度参与了世界粮油产品采购。一是通过并购尼德拉集团完成了对罗马尼亚码头公司的并购。作为荷兰领先的农业企业，尼德拉集团的农产品贸易及营销网络已覆盖了世界上 18 个国家和地区。中粮集团在对其完成收购以后，不仅获取了稳定的原料供给，同时还获得了低成本的产品供应平台以及强大的营销网络。尤其是，通过尼德拉集团对罗马尼亚码头的并购，把尼德拉集团推向了荷兰最大食品贸易公司的宝座，从而大大扩展了中粮集团在东欧国家以及黑海地区的营销链。二是通过收购来宝农业，以此为基础在乌克兰投资建设码头。目前来宝农业已是亚洲地区规模最大的农产品国际贸易公司，在 29 个国家和地区设立了分公司及代表办事机构，并具有完善的生产、物流和销售等业务网络系统。中粮完成收购后，将公司改为中粮农产品有限公司，进一步完善了中粮在世界谷物交易系统中的网络格局。

另外，在中粮集团的统一策划下，中粮和尼德拉集团还加大了在"一带一路"中黑海区域的投资发展。2014 年底，尼德拉集团全资获得了罗马尼亚第一大海港康斯坦萨港设施最先进、效益最大的谷物出口码头；而 2016 年 5 月，中粮集团全资子公司中粮农业在乌克兰投资建设的 DSSC 码头正式投产，港口的设计吞吐量为 250 万吨/年，是目前乌克兰最领先的农产品品牌及中转设备。凭借港口与加工厂之间的地缘优势，中粮也在黑海地区有效增强了粮源掌控力。2015 年，尼德拉集团在黑海地区的粮食出口额突破了 400 万吨，创下历史新高，并首次成为罗马尼亚规模最大的谷物出口商。

从并购效果看，中粮集团在营销环节降低了成本。合并后中粮能够获取目标公司的市场份额，新公司能够分别利用各自资源，在产品市场占有率、资源渠道、航运、供应商、谈判技术等方面实现 1+1>2 的市场效益。从信息沟通效率看，合并后公司能够第一时间从市场客户中获取资源和商品的价格情况以及其他更多的信息，同时在公司内资源共享，起到了必要的协调和指导作用，节省了信息沟通时间。从价格水平看，中粮掌握了市场力和定价权，占有了较大的市场份额，同时把控了价格的源头，进而提高公司的竞争力。从资源配置的角度看，合并后通过业务协同合作实现了优势互补，从而达到了优化资源配置的目的。中粮采取全价值链策略对其专业化平台进行合并，留下了一些高增值的部分，去掉了冗余价值的部分，使不同平台间能够有效协调。拥有强大营销网络资源的尼德拉集团和具备供产销一条龙体系和高端农业科技的来宝集团，助力中粮公司进一步建设了国内第一个农产品网上交易网站"我买网"。欠缺多样化的商品链以及优秀的专业服务能力始终是中粮的短板，而通过本次收购成功做大后，中粮集团将进一步加强对全球粮源的全面掌控，增强中国粮油的国际贸易能力，与国内外粮油加工、农产品营销平台相结合，从而进一步提升中粮的国际粮贸商的服务能力，强化竞争优势。通过强大的国际供应链布局，中粮主动影响了世界粮食市场的整体竞争格局，形成了遍布全球的营销网络，并逐渐突破了过去四大粮商对粮源、信息、价格机制的把控，从过去完全处在价值链下游环节的弱势买家，逐渐变成能深入全球粮食交易等全球价值链升级核心环节、有实力参与竞争的世界重要粮商。

7.4　本章小结

本章以中粮集团为典型案例，从企业层面分析农业对外投资区位选择特征以及价值链升级模式。采用扎根理论处理繁杂的文献、相关报道和访谈资料，全景展示了中粮集团投资区位、投资动机、投资模式及其所处价值链环节之间的内在逻辑关系，从微观层面研究了企业投资现状、战略决策与发展需求等，并针对中粮集团对来宝农业和尼德拉集团的两起典型并购案例，分析中粮集团的投资战略以及价值链升级的效果，是对前述章节从国家和行业层面所得到的一般性规律的补充。

研究认为，中粮集团作为中国农业"走出去"的代表性企业，依靠其国有企业的性质和强大的资金实力深耕农业价值链的两端环节，致力于以负责任的方式连接全球粮食供需。其资产广泛分布于全球六大洲，通过建立可持续的伙伴关系加强对粮源的掌控、收购全球粮食主产区的农产品，并利用强大的物流资产和贸易网络将农产品销往亚洲、欧洲等消费需求旺盛的地区。中粮集团农业对外投资成效显著但仍面临较高的市场风险和地缘政治风险。无论是国企还是民营企业，想要走出国门在异国发展，都离不开国家的政策支持，尤其像中粮集团这种国有企业，其区位决策在很大程度上依赖国家的外交政策、信息服务等。进一步地，聚焦中粮集团并购来宝农业和尼德拉集团的典型案例，研究分析了中粮集团通过并购实现价值链纵向延伸嵌入升级的方式路径。中粮集团通过对来宝农业和尼德拉集团的并购控制粮源和拓展营销网络，使得中粮集团在技术环节提升了话语权，营销环节降低了成本，其对价值链产前产后环节的有效掌控和有机协同，形成了整体核心竞争力的发展模式，对于中国企业具有较高的参考价值。

第8章 中国农业对外投资促进价值链升级的战略选择

　　根据前述章节国家、行业和企业层面的研究，中国在全球农业价值链中的分工地位偏低。如何实现改变全球农业价值链"低端锁定"状态，实现价值链升级，是所有理论和实证研究者面临的重要问题。当前中国农业对外投资进入新阶段，面临的国际环境日趋复杂，更加需要完整的战略体系指导企业更有效地"走出去"。结合第6、7章的案例研究结论，不同的企业规模和性质、不同的行业以及不同的投资模式应该选择不同类型的东道国，走不同的价值链升级路径。因此，本章以提高价值链地位为战略目标，构建了针对不同类别东道国的农业对外投资战略框架（图8-1），从主体选择、行业选择、模式选择三个方面对于政府如何支持涉农企业有效"走出去"提出相应的政策建议。

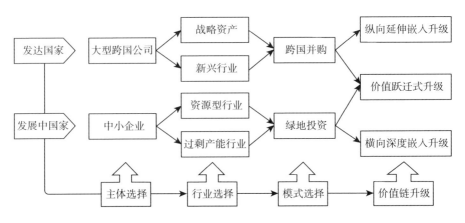

图8-1 价值链升级导向下中国农业对外投资战略框架

8.1　农业对外投资的主体选择

与发达国家相比，中国的大多数企业，在市场营销能力以及技术实力等方面都偏弱。因此，现阶段，中国农业对外投资应以加强市场渠道把控和提高技术实力为重点，增强企业国际竞争力。总的来看，以下两种类型的企业投资是当前重点：一种是以大型企业为主体，以研发核心技术为抓手，提高企业竞争力，将企业培育成为具有世界水平的跨国公司。另一种是以中小企业和民营企业为主体，鼓励其参与国际竞争，在优势行业发挥自主创新和品牌能力。

8.1.1　培养大型跨国公司掌控价值链关键环节

随着国际竞争日益加剧，农业企业的竞争优势已发生了重大转变，现阶段农业企业竞争优势集中体现在人力资源、技术和市场渠道。跨国公司在行业竞争中处于领先地位的主要优势是先进的技术和人才。目前，国家之间的竞争在一定程度上表现为跨国公司之间实力的竞争。拥有具有国际影响力的跨国企业的数量与质量，是评估某个国家综合国力的重要指标。为实现价值链升级，中国迫切需要提高企业的综合实力和跨国经营水平，进一步推动向价值链两端环节攀升。中粮集团是中国农业"走出去"的代表性企业，历经了十多年的发展壮大，目前中粮集团的经营规模正在高速扩大，虽然体量上已向世界四大粮商靠拢，但从全球化程度和影响力上来看尚有一定差距，因此要求中粮集团在适应国内外需要的基础上，进一步做大做强，扩大在全球粮食市场的话语权。

8.1.2　支持中小企业进入发展中国家市场

在中国农业对外投资主体中，民营企业在数量上占有绝对优势。尽管中小企业规模小、技术水平相对不高，但优势在于经营机制灵活，在国际市场受到的制约较少，资金需求小，中小企业的技术也更适合发展中国家的需求。例如，爱菊集团就借助中国"一带一路"倡议迈出国门，在哈萨克斯坦的粮食中心"北哈州"设立农产品园区，牵头成立新兴订单农产品合作，西北农林科技大学、哈萨克斯坦国家学院、各地农庄主等联合参加，采用"订单农业"方法，实行种子产品开发、栽培、管理、收割、采购、储存一条龙经营战略，不仅为各地农户提供种植业决策的指导，还帮助解决他们"卖粮难"的问题，中国在哈萨克斯坦的影响力得到有效提升（唐家龙等，2020）。因此，中小型公司和民企在农业对外投资中所起的作用不容忽视。政府应着重培养民企和中小企业的领军者，鼓励有实力的中小企业和民企参与资源整合、提升国际竞争力，并对企业提供相应的便利化措施和优惠条件，如外汇审批、信息咨询、融资保险、产业配套等。

8.2 农业对外投资的行业选择

和发达国家跨国公司比较，中国在价值链的两端环节处于劣势。因此，中国现阶段应通过向全球价值链两端延伸性的农业对外投资，以控制粮源和销售渠道为主要目标，优化产业结构。现阶段，中国应该着重发展三类农业行业的对外投资：一是受国内农业资源短缺约束、总体上供不应求的行业。可以通过企业"走出去"的方式，利用东道国土地资源、水资源和劳动力资源，弥补国内供求缺口。二是战略性资产和新兴行业。鼓励利用发达国家的物流资产、销售网络，学习先进技术和管理经验，掌控全球价值链的关键环节。三是国内具有比较优势的产业。发挥中国相对于欠发达国家在农机、种子等方面的优势，利用农业对外投资扩大市场份额。中国政府可以对这些不同领域的农业对外投资项目制定具体的支持措施，以便实现转化过剩生产能力、国内外优势互补、调整国内产业结构目的，进而促进全球价值链升级。

8.2.1 鼓励对发达国家战略资产的投资

有能力的国内公司能够采取"走出去"的手段，收购国外行业领先水平的公司，迅速获取行业需要的高端要素，提高公司的要素禀赋，还能够迅速掌握被收购公司的产品和营销网络，提升收购公司的管理水平，迅速打开东道国市场，提高企业的国际竞争力。跨国并购公司不但可以迅速获得在海外的战略资本，同时政府也应当帮助这些有能力的公司率先"走出去"，在迅速增强公司技术实力的同时，积极培养一些具备全球影响力的中国本地跨国公司，并帮助这类公司通过采用横向并购扩大市场占有率，或者通过纵向收购实现产业链优化重组，通过整合全球资源，获得前沿技术和销售网络等战略资产，加速价值链升级。目前，中国农业新兴产业正处于初步发展时期，面临诸多发展瓶颈。因此，中国应鼓励战略性新兴行业企业开展农业对外投资，重点支持特色农业、精准农业、包装农业、知识农业等领域的对外直接投资活动。鼓励研究公司采取收购、联营、合资、参股等各种形式在国外建立研究中心，或与境外研发中心、产业集群建立战略合作关系，筛选利用各个国家在不同领域的技术优势，带动国内农业产业升级。

8.2.2 加大对发展中国家资源导向型投资和过剩产能转移

一是向周边发展中国家以及"一带一路"沿线国家转移过剩产能。通过绿地投资或并购的方式消化过剩产能，可以重组资源、提高企业效率。中国生猪、果蔬、低端农机等行业产能过剩，企业通过海外设厂化解这些过剩产能时，可以首先考虑周边发展中国家以及与中国经贸关系良好的国家，尤其是随着"一带一路"倡议的深入推进以及 RCEP 的落地实施，中国与相关国家的经贸合作将不断深化，为农业企业转移过剩产能提供了机会。例如，当前中国农机产业进入深度调整期，产业不均衡、不完善问题凸显，低端生产能力过剩。从生产端看，"一带一路"沿线国家和地区的农业经济发展水平不高，工资水平和劳动力成本较低，从需求端看，这些国家的基础设施较差，对中低端农机的消费需求较高，正好符合中国低端农机制造业转移的要求。二是向非洲以及拉丁美洲地区开展资源导向型投资。非洲、拉丁美洲等国家农业资源丰富，且与中国政府、社会组织和企业有着长期的交往和联系。例如，拉丁美洲的巴西、智利、阿根廷、古巴等国家农业资源丰裕，与中国经贸关系良好，且这些国家和地方政府也迫切需要引进农业投资，来推动农业生产力和经济社会发展。但企业向欠发达地区进行投资时，要做好风险评估，关注东道国的政治局势和经贸环境，避免因当地政治经济不稳定造成的风险和损失。

8.3 农业对外投资的模式选择

农业对外投资的方式主要有两种：跨国并购和绿地投资。中国企业农业对外投资的模式要根据东道国的经济发展情况和市场状况有针对性地进行选择。

8.3.1 对发达国家优先采取跨国并购模式

对发达国家战略资产导向型和技术导向型的农业投资适宜采取跨国并购方式。发达国家在投资环境上更为完善，在社会层面，政局稳定、法律体系相对完善；在经济层面，市场经济发达，技术和管理经验也都更为先进。发达国家企业也往往拥有行业顶尖的技术，因此，发展中经济体往往通过跨国并购发达国家企业，实现全球价值链升级。因此，国内公司能够通过跨国并购，迅速掌握国际化领先公司的高端要素，了解行业的前沿技术，吸取优秀的经验，增强公司的全球竞争力。但是，中国对发达国家的跨国并购可能存在法律管制和政府审核问题。一方面，美国、欧洲、加拿大等国家或地区的法律对于跨国并购有着严格的限制。另一方面，发达国家对于发展中国家企业的并购较为排斥，尤其是对于中国企业的并购，审核会更加严格。因此，中国企业在发达国家发起企业并购前，应做好广泛且深入的前期调查，与当地政府建立良好的关系，实现并购双方企业的互利共赢。

8.3.2 对发展中国家适宜采取绿地投资方式

发展中国家经济发展水平低，投资环境也不完善，不具备并购企业所需的战略性资产，比如技术、物流和销售网络等，所以中国对发展中国家的跨国并购机会较少，农业对外投资主要应以绿地投资方式为主。从企业角度看，绿地投资方式相比跨国并购来说受到东道国政府的限制较少，面临的政治风险低，且能够为当地制造就业机会，遭到当地社会的舆论压力小。因此，企业在合作的范围和对象方面具有更多的自主权，可以根据自身的发展目标快速调整经营战略。从东道国角度看，绿地投资带来了较为先进的农业技术和丰裕的资金，还提供了大量就业岗位，能够有效拉动东道国农业生产力的增长。因此，发展中国家政府对这类投资出台了大量优惠政策，中国企业可借此机会，在广大发展中国家和地区投资设厂，转移国内过剩产业，扩大市场规模，优化重组国内要素。

8.4　本章小结

在国家、行业、企业层面的研究结论基础上，本章从主体选择、行业选择和模式选择等方面构建了中国农业对外投资促进价值链升级的战略框架，对于政府如何更有针对性地指导企业"走出去"提出了成体系的政策建议。从主体选择看，一要培养大型跨国公司掌控价值链关键环节，二要支持中小企业进入发展中国家市场。从行业选择看，对发达国家的投资应以战略资产和新兴行业为主，对发展中国家的投资应以资源导向型和转移过剩产能为主。从模式选择看，对发达国家以并购为主，对广大发展中国家采用绿地投资方式更为适宜。此外，要以"一带一路"倡议、RCEP 实施为契机，大力加强与周边沿线国家的合作，通过优势互补合理配置国内国际生产要素和资源，从而加快中国企业全球价值链升级的步伐。

第9章 主要研究结论与政策建议

9.1 主要结论

借鉴已有研究，本书从理论和实证两个层面，从国家、行业和企业三个角度研究了农业对外投资的布局规律，探讨了如何通过优化农业对外投资布局提高中国在全球农业价值链中的分工地位。在国家层面，测度了中国农业对外投资的区位特征以及在全球农业价值链中的参与程度和分工地位，并在价值链环节细分的基础上，采用固定效应负二项回归模型实证研究了农业对外投资区位选择的影响因素，利用层次分析法评估了价值链各环节的适宜投资区位。在行业层面，选择粮油这一典型行业，研究了全球粮油投资格局特征以及中国在全球粮油价值链中的分工地位，通过剖析美国和日本价值链各环节的掌控模式，分析中国粮油行业价值链短板，探索促进粮油行业全球价值链升级的路径。在企业层面，选择中粮集团这一典型企业，采用扎根理论构建了价值链视角下农业企业对外投资区位选择的概念模型，具体剖析企业价值链环节布局的各主要因素及其内在逻辑，并利用中粮集团典型并购案例，分析其投资战略以及价值链升级的效果。得出的主要结论有：

（1）从理论机制看，农业对外投资能够通过提高产业竞争力促进价值跃迁式升级。分国家类别看，对发达国家的农业对外投资能够通过逆向技术溢出效应促进纵向延伸嵌入升级，而向其他发展中国家的农业对外投资则通过边际产业转移效应促进横向深度嵌入升级，最终均会提高发展中国家在全球农业价值链中的分工地位。

（2）从农业对外投资格局特征看，中国农业对外投资的区位分布、产业分布和业务分布都呈现明显的集中性。从区位布局看，在海外设立的农业企业中，有一半以上位于亚洲，主要集中在老挝、印度尼西亚、缅甸等国家，反映出地缘关系是中国农业企业对外投资区位选择的重要考虑因素。从产业布局看，中国农业对外投资集中于种植业和畜牧业。其中种植业主要投向了缅甸、老挝、泰国等国家，畜牧业主要投向了大洋洲，以澳大利亚为代表。从业务布局看，目前中国企业农业对外投资主要从事生产环节，但随着企业整体实力的增强，从事多种业务的企业数量显著增加。

（3）从全球价值链地位看，中国在全球农业价值链中的参与程度和分工地位与发达国家相比明显偏低。从价值链参与度指数看，中国的价值链参与程度较低但增长速度较快，与发达国家和全球主要农产品出口国的差距呈收敛趋势，且这种增长主要来自前向参与的快速上升。从出口技术复杂度指数看，中国农产品出口技术复杂度还较低且就增长速度而言没有明显优势，与发达国家的差距在进一步扩大，甚至不及世界平均水平。整体来看，中国在全球农业价值链中的参与程度和分工地位有待进一步提高。

（4）从农业对外投资区位选择的影响因素看，价值链不同环节的农业对外投资区位选择的影响因素具有差异性。中国农业对外投资区位选择受到东道国引资需求、企业投资动机以及东道国投资环境等多种因素影响，倾向于向经济稳定性较好，购买力水平高且治理相对薄弱的国家或地区投资。产前环节主要投向资源短缺、市场规模大、基础设施完善、经济发展水平较高的发达国家。农业生产环节主要投向耕地资源相对匮乏、市场规模较大且与中国地理距离较近的国家，集中在东南亚等周边国家。产后环节主要投向经济环境较好、购买力水平较高的国家或地区。

（5）从价值链各环节的适宜投资区位看，西欧地区、北美地区和澳新地区是吸引各环节农业对外投资的主要优势区，东南亚、拉丁美洲等国家更适合生产环节的投资，亚洲和欧洲应是产后环节投资重点关注的地区。从产前环节看，澳大利亚、荷兰、英国、加拿大、德国等传统农业大国资源优势明显，掌握着先进的农业生产和加工技术，市场规模大，政治、经济环境稳定，适合企业投资。从生产环节看，由于农业生产环节具有高敏感性，中国可先从周边国家开始，逐步向拉丁美洲等发展中国家拓展投资区域。从产后环节看，从事农产品深加工、农产品仓储物流、农产品销售等业务的企业主要看重被投资国的消费市场，随着人口增长和消费水平的提高，亚洲国家对农产品的消费将不断增长。

（6）从典型行业研究结果看，当前全球粮油对外投资网络密度和互惠性较低，美国、法国、德国、中国、日本等国家位于全球粮油对外投资网络的核心地位，俄罗斯、印度、巴西等新兴国家作为重要的被投资国镶嵌在投资网络的中心。与农业整体出口技术复杂度测度结果不同，谷类、油料等关系国计民生的农产品更多地掌握在资源大国手中，中国粮油产品的出口技术复杂度处于较低水平，出口结构有待进一步优化。与发达国家相比，中国粮油价值链存在创新程度不足以及价值链上下游断层等问题。为提升中国粮油行业在全球价值链中的分工地位，需加大对粮油大国生产环节的投资以及对发达国家产前产后环节的投资，开展针对周边及"一带一路"沿线国家的全链条布局。

（7）从典型企业研究结果看，中粮集团的农业对外投资以资源和市场为导向，致力于以负责任的方式连接全球粮食供需。通过建立可持续的伙伴关系加强对粮源的掌控、收购全球粮食主产区的农产品，并利用强大的物流资产和贸易网络将农产品销往亚洲、欧洲等消费需求旺盛的地区。中粮集团对来宝农业和尼德拉集团的并购体现了其控制粮源和积极拓展营销网络的投资战略，使得中粮集团在技术环节提升了话语权、营销环节降低了成本、生产环节实现了外包，对中粮集团价值链升级的影响显著。

9.2　政策建议

（1）引导优化投资布局，提高价值链分工地位。第一，分环节优化农业对外投资布局，加强对全球农业价值链的掌控。一方面，应加大对非洲、拉丁美洲等广大发展中国家在生产环节以及产后环节的投资力度。既可利用这些国家资源、市场优势转移过剩产能，也可把握当地加工与流通体系尚不健全的潜在机会，提高农产品的定价权与渠道把控力，并可通过技术服务等形式提高发展中国家的农业综合生产能力，符合双方发展需求。另一方面，通过并购等形式加强对发达国家在产前产后环节的投资。目前我国在产前产后环节的农业对外投资份额明显偏低，对发达国家的投资能够在一定程度上弥补我国在农产品深加工、农机制造、良种培育等高附加值环节存在的技术短板，提高我国在全球农业价值链中的前后向参与度和分工地位。

第二，深耕既有农业对外投资网络，巩固区域农业价值链地位。当前全球农业对外投资网络以发达国家之间的双向投资为主，受投资环境等因素制约，对欠发达国家的投资较少。而中国的农业对外投资则集中在东南亚、中东欧等地区，因此中国应逐步做好对东盟、中亚、西南亚、俄罗斯等邻近区域，以及"一带一路"沿线区域的重要农产品贸易布局，这样也可与发达国家形成错位发展，利用地缘政治优势深度参与区域农业价值链，并将农业对外投资向产前产后环节延伸，进一步提高中国在亚太地区的农业价值链地位。

第三，逐步嵌入发达国家主导的农业对外投资网络，提高全球农业价值链地位。农业对外投资网络始终是由发达国家主导，中国等新兴国家则作为被投资国嵌入发达国家农业对外投资网络，位于价值链的底端。鼓励、引导有实力的农业企业向美国、德国、瑞士、英国、日本等国家投资，一方面可以学习借鉴当地先进的农业技术和管理经验等，克服中国农业研发投入相对不足的短板，另一方面能够分散和扩大中国现有的农业对外投资布局，使中国逐步从全球农业对外投资网络的外围进入到网络的中心，参与到发达国家主导的农业对外投资网络中，逐渐提高中国在全球农业对外投资网络中的影响力和价值链分工地位。

（2）培育对外投资主体，提供政策与服务支持。一方面，跨国公司作为提高世界农产品价值链优势的关键主体，应有针对性地扶植一些"走出去"的重点企业。一是积极引导产能过剩企业"走出去"，并通过全球产能投资项目实现在国外的顺利转化。受国内外资源短缺、劳动力成本上升等原因制约，农资、农机公司生产能力得不到合理发展，但在非洲、中亚、印度等区域具有强大的竞争力。二是引导大中型农产品龙头企业"走出去"，形成一大批具有竞争力的公司，提高公司的话语权和资源配套实力。三是支持民营企业"走出去"，整合现有资源适度向民营企业倾斜。在开展农业对外投资过程中，相比国有企业，民营企业在形式上更加灵活也更易被当地接受，但其得到的财政、政策支持远不及国有企业，例如，国有企业在农产品进出口配额分配中占据优势地位。因此，政府可考虑制定更多针对民营企业的支持政策，满足民营企业投资诉求。

另一方面，政策支持是加快农业企业"走出去"的催化剂。农业产业存在投资量大、生产周期长、经营风险大的特征，融资难、信贷困难始终是中国国内农产品企业"走出去"的主要障碍，加强对农业公司的融资与业务支持能够有效增强企业对外投资的积极性。一是加大财政支持力度。对国外农村投资项目的品种、设施、人员等实行相应补贴，实行税收优惠政策，促进银行对涉农项目贷款服务，多渠道缓解海外投资项目贷款困难。二是积极建立农产品"走出去"服务体系，积极提供农产品对外投资的服务平台，并继续完善农业保险制度，进一步健全农产品对外投资法规制度，简化企业对外投资的审批流程和手续，提高服务水平和质量，为农业企业"走出去"保驾护航、提供便利条件。

（3）完善跨国合作机制，着力推进双多边合作。一方面，完善跨国合作机制。在"一带一路"倡议下，加强与欧洲、南美洲、中亚、南亚等国家农业发展战略、规划、平台、项目的政策对话和协商，在百年未有之大变局新形势下积极应对贸易摩擦，明确共同关切的重点领域和主导产业，促进政策协调，实现联动发展。另外，推进双边农业产业合作项目工作。根据中国农产品的优势特色，充分利用与北美、南美、澳大利亚、非洲和中东欧等地的农产品贸易关系，立足已有的农产品对外贸易投资优势，打造农产品对外贸易投资平台，促进双边共建国际合作项目及进出口交易频繁的农业产业投资项目，开展一些可行性高、可实施的投资计划，形成促进农产品对外贸易投资的双轮推进和高水平双向的态势。

参考文献 REFERENCES ------------------------------

白光裕，庄芮，2015. 全球价值链与国际投资关系研究：中国的视角 [J]. 国际贸易 (6)：16 - 20. DOI：10.14114/j. cnki. itrade. 2015.06.003.

曹冲，2021. 我国主要农产品贸易中虚拟耕地资源流的驱动因素研究 [J]. 西部经济管理论坛，32 (5)：12 - 22，32.

曹监平，张淼，2020. "一带一路" 直接投资网络与全球价值链地位的实证 [J]. 统计与决策 (11)：101 - 105. DOI：10.13546/j. cnki. tjyjc. 2020.11.021.

操龙升，2017. 中国农业对外投资区位选择研究 [J]. 河南社会科学，25 (3)：56 - 62.

陈柳钦，2009. 关于全球价值链理论的研究综述 [J]. 全球科技经济瞭望，24 (12)：33 - 45.

陈瑞，郑毓煌，刘文静，2013. 中介效应分析：原理、程序、Bootstrap 方法及其应用 [J]. 营销科学学报，9 (4)：120 - 135.

陈伟，2014. 中国农业对外直接投资发展阶段及关键因素实证研究 [J]. 农业技术经济 (11)：89 - 100. DOI：10.13246/j. cnki. jae. 2014.11.010.

陈伟，卢秀容，2020. 东道国政治风险与中国对外农业直接投资区位选择 [J]. 经济研究导刊 (6)：154 - 160.

陈伟，叶尔肯·吾扎提，熊韦，等，2020. 论海外园区在中国企业对外投资中的作用：以柬埔寨西哈努克港经济特区为例 [J]. 地理学报，75 (6)：1210 - 1222.

陈秧分，李先德，王士海，等，2015. 农业和粮食系统负责任投资原则的影响研究 [J]. 农业经济问题，36 (8)：35 - 41，110 - 111. DOI：10.13246/j. cnki. iae. 2015. 08.006.

陈秧分，钱静斐，2021. "十四五" 中国农业对外开放：形势、问题与对策 [J]. 华中农业大学学报 (社会科学版) (1)：49 - 56，175 - 176. DOI：10.13300/j. cnki. hnwkxb. 2021.01.007.

陈有毅，2021. 基于价值链理论的餐饮业盈利相关因素分析 [J]. 北方经贸 (12)：138 -

140.

程国强，朱满德，2014. 中国农业实施全球战略的路径选择与政策框架 ［J］. 改革
（1）：109 - 123.

程永明，2020. 论日本的"全球食品价值链战略"［J］. 日本问题研究，34（1）：7 -
16. DOI：10.14156/j. cnki. rbwtyj. 2020.01.002.

崔日明，邹康乾，2020. 生产性服务业与全球价值链分工体系：基于我国制造业的研
究 ［J］. 经济经纬（4）：1 - 10. DOI：10.15931/j. cnki. 1006 - 1096.20200616.006.

崔兴华，2021. 国外中间服务投入与制造业全球价值链分工地位：基于 WIOD 投入产
出数据的分析 ［J］. 经济管理，43（3）：26 - 42. DOI：10.19616/j. cnki. bmj. 2021.
03.002.

戴翔，张二震，2011. 中国出口技术复杂度真的赶上发达国家了吗 ［J］. 国际贸易问题
（7）：3 - 16. DOI：10.13510/j. cnki. jit. 2011.07.014.

邓光耀，张忠杰，2018. 全球价值链视角下中国和世界主要国家（地区）分工地位的
比较研究：基于行业上游度的分析 ［J］. 经济问题探索（8）：125 - 132.

邓明，2012. 制度距离、"示范效应"与中国 OFDI 的区位分布 ［J］. 国际贸易问题
（2）：123 - 135. DOI：10.13510/j. cnki. jit. 2012.02.013.

董有德，唐云龙，2017. 中国产业价值链位置的定量测算：基于上游度和出口国内增
加值的分析 ［J］. 上海经济研究（2）：42 - 48，71. DOI：10.19626/j. cnki. cn31 -
1163/f. 2017.02.006.

樊慧玲，2014. 基于"微笑曲线"分析农业产业价值链优化的路径选择 ［J］. 江苏农业
科学，42（1）：397 - 399. DOI：10.15889/j. issn. 1002 - 1302.2014.01.142.

方旖旎，2015. 后危机时代中国企业境外农业投资研究 ［J］. 农业经济问题（10）：53 -
59. DOI：10.13246/j. cnki. iae. 2015.10.007.

公茂刚，王学真，2011. 发展中国家微观层面的粮食获取能力分析 ［J］. 农业经济与管
理（6）：31 - 37.

关昕，2021. 我国农业企业对外投资的影响因素分析 ［J］. 北京：中国农业科学院 .
DOI：10.27630/d. cnki. gznky. 2021.000591.

韩璟，卢新海，匡兵，2020. 中国海外耕地投资东道国的空间分布及地缘关系因素影
响路径分析 ［J］. 中国土地科学，34（10）：79 - 88.

韩璟，杨莼，柯楠，等，2018. 中美对非洲海外耕地投资东道国的选择差异与影响因
素分析 ［J］. 中国土地科学，32（8）：37 - 43.

贺灿飞，郭琪，马妍，等，2014. 西方经济地理学研究进展 [J]. 地理学报，69（8）：1207 - 1223.

贺灿飞，毛熙彦，2015. 尺度重构视角下的经济全球化研究 [J]. 地理科学进展，34（9）：1073 - 1083.

何建华，陈阳阳，彭建娟，2016. OFDI 逆向技术溢出与我国技术创新能力关系研究 [J]. 统计与决策（2）：112 - 114. DOI：10.13546/j. cnki. tjyjc. 2016.02.031.

胡月，马志刚，王琦，等，2016. 中国对外农业投资政策演变及体系结构分析 [J]. 世界农业（9）：11 - 17. DOI：10.13856/j. cn11 - 1097/s. 2016.09.002.

惠敏，2017. 农业企业跨国并购财务风险控制研究 [D]. 蚌埠：安徽财经大学.

蒋冠宏，蒋殿春，2014. 中国企业对外直接投资的"出口效应"[J]. 经济研究，49（5）：160 - 173.

姜小鱼，陈秧分，2018. 中国农业对外投资的研究进展与展望 [J]. 世界农业（4）：4 - 9，16. DOI：10.13856/j. cn11 - 1097/s. 2018.04.001.

姜小鱼，陈秧分，2021. 新冠疫情下各国粮食安全领域的应对举措及启示 [J]. 农业经济与管理（4）：31 - 38.

姜小鱼，陈秧分，王丽娟，2018. 中国海外耕地投资的区位特征及其影响因素：基于2000—2016 年土地矩阵网络数据 [J]. 中国农业资源与区划，39（9）：46 - 53.

江小涓，孟丽君，2021. 内循环为主、外循环赋能与更高水平双循环：国际经验与中国实践 [J]. 管理世界，37（1）：1 - 19. DOI：10.19744/j. cnki. 11 - 1235/f. 2021.0001.

金三林，2018. 我国农业对外投资的战略布局与重点 [J]. 经济纵横（7）：68 - 75. DOI：10.16528/j. cnki. 22 - 1054/f. 201807068.

金钰莹，叶广宇，彭说龙，2020. 中国制造业与服务业全球价值链地位 GVC 指数测算 [J]. 统计与决策，36（18）：95 - 98. DOI：10.13546/j. cnki. tjyjc. 2020.18.022.

李东坤，邓敏，2016. 中国省际 OFDI、空间溢出与产业结构升级：基于空间面板杜宾模型的实证分析 [J]. 国际贸易问题（1）：121 - 133. DOI：10.13510/j. cnki. jit. 2016.01.011.

李谷成，2020. 新冠肺炎疫情对武汉农产品供应链的影响及对策 [J]. 华中农业大学学报（社会科学版）（3）：7 - 13，168 - 169. DOI：10.13300/j. cnki. hnwkxb. 2020.03.002.

李洪亚，董建功，2017. 所有制改革与 OFDI：中国的证据 [J]. 世界经济研究（2）：

62 - 77，136. DOI：10. 13516/j. cnki. wes. 2017. 02. 007.

李婷，2018. 中国的全球农业价值链分工地位研究 [D]. 湛江：广东海洋大学.

李艳君，2016. 中国农业对外合作：现状、问题与对策 [J]. 中国经贸导刊（30）：42 - 44.

李治，王东阳，胡志全，2020. "一带一路" 倡议下中国农业企业 "走出去" 的现状、困境与对策 [J]. 农业经济问题（3）：93 - 101. DOI：10. 13246/j. cnki. iae. 2020. 03. 011.

梁中云，2017. 对外直接投资对母国全球价值链地位的影响研究 [D]. 济南：山东大学.

林文维，谭砚文，2011. 农业跨国公司产业链布局的现状与成因分析 [J]. 世界农业（11）：15 - 18.

刘洪铎，曹瑜强，2016. 中美两国在全球价值链上的分工地位比较研究：基于行业上游度测算视角 [J]. 上海经济研究（12）：11 - 19. DOI：10. 19626/j. cnki. cn31 - 1163/f. 2016. 12. 002.

刘林青，周潞，2011. 比较优势、FDI 与中国农产品产业国际竞争力：基于全球价值链背景下的思考 [J]. 国际贸易问题（12）：39 - 54. DOI：10. 13510/j. cnki. jit. 2011. 12. 006.

刘文革，傅诗云，黄玉，2019. 地缘政治风险与中国对外直接投资的空间分布：以 "一带一路" 沿线国家为例 [J]. 西部论坛，29（1）：84 - 97.

刘志颐，王琦，马志刚，等，2016. 中国企业在 "一带一路" 区域农业投资的特征分析 [J]. 世界农业（5）：194 - 197，219. DOI：10. 13856/j. cn11 - 1097/s. 2016. 05. 035.

鲁锡杰，2018. 中国农业企业境外并购研究：以光明集团、中粮集团为例 [J]. 世界农业（6）：176 - 182.

卢新海，韩璟，2014. 海外耕地投资研究综述 [J]. 中国土地科学，28（8）：88 - 96. DOI：10. 13856/j. cn11 - 1097/s. 2018. 06. 027.

卢新海，韩璟，2014. 当前非洲海外耕地投资东道国耕地投资潜力评价 [J]. 中国土地科学，28（1）：82 - 90. DOI：10. 13708/j. cnki. cn11 - 2640. 2014. 01. 012.

吕越，罗伟，包群，2020. 企业上游度、贸易危机与价值链传导的长鞭效应 [J]. 经济学（季刊），19（3）：875 - 896. DOI：10. 13821/j. cnki. ceq. 2020. 02. 05.

吕桢亚，2020. 中国 OFDI 对 "一带一路" 沿线国家农业全要素生产率的影响 [D]. 上海：上海财经大学. DOI：10. 27296/d. cnki. gshcu. 2020. 000366.

马风涛，2015. 中国制造业全球价值链长度和上游度的测算及其影响因素分析：基于世界投入产出表的研究［J］. 世界经济研究（8）：3 - 10，127. DOI：10.13516/j. cnki. wes. 2015.08.001.

马建堂，赵昌文，2020. 更加自觉地用新发展格局理论指导新发展阶段经济工作［J］. 管理世界，36（11）：1 - 6，231. DOI：10.19744/j. cnki. 11 - 1235/f. 2020.0164.

马述忠，陈亚平，刘梦恒，2017. 对外直接投资逆向技术溢出与全球农业价值链地位提升：基于 G20 国家的经验研究［J］. 国际商务研究，38（3）：5 - 17. DOI：10.13680/j. cnki. ibr. 2017.03.001.

马述忠，任婉婉，吴国杰，2016. 一国农产品贸易网络特征及其对全球价值链分工的影响：基于社会网络分析视角［J］. 管理世界（3）：60 - 72. DOI：10.19744/j. cnki. 11 - 1235/f. 2016.03.006.

苗长虹，魏也华，吕拉昌，2011. 新经济地理学［M］. 北京：科学出版社.

倪红福，2017. 中国出口技术含量动态变迁及国际比较［J］. 经济研究，52（1）：44 - 57.

聂飞，李磊，2022. 制造业企业对外直接投资、去工业化及其对全球价值链分工地位的影响［J］. 国际贸易问题（3）：160 - 174. DOI：10.13510/j. cnki. jit. 2022.03.009.

牛银舟，2019. 发展中国家全球农业价值链分工地位及其影响因素研究［D］. 淄博：山东理工大学. DOI：10.27276/d. cnki. gsdgc. 2019.000229.

农业农村部国际合作司，农业农村部对外经济合作中心，2020. 中国农业对外投资合作分析报告（2020 年度）：总篇［M］. 北京：中国农业出版社.

农业农村部国际合作司，农业农村部对外经济合作中心，2021. 中国农业对外投资合作分析报告（2021 年度）：总篇［M］. 北京：中国农业出版社.

潘峰华，方成，2019. 从全球生产网络到全球金融网络：理解全球—地方经济联系的新框架［J］. 地理科学进展，38（10）：1473 - 1481.

潘素昆，杨雅琳，2020. "一带一路"国家基础设施和中国对外直接投资区位选择［J］. 统计与决策，36（10）：133 - 138. DOI：10.13546/j. cnki. tjyjc. 2020.10.028.

裴玲玲，2019. 外商直接投资对河南省就业的影响及对策分析［D］. 延吉：延边大学.

彭澎，李佳熠，2018. OFDI 与双边国家价值链地位的提升：基于"一带一路"沿线国家的实证研究［J］. 产业经济研究（6）：75 - 88. DOI：10.13269/j. cnki. ier. 20181122.006.

乔小勇，王耕，李泽怡，2017. 中国制造业、服务业及其细分行业在全球生产网络中的价值增值获取能力研究：基于"地位-参与度-显性比较优势"视角 [J]. 国际贸易问题 (3)：63 - 74. DOI：10.13510/j. cnki. jit. 2017.03.006.

邱斌，陆清华，2020. 对外直接投资对中国全球价值链分工地位的影响研究：来自中国企业的证据 [J]. 东南大学学报 (哲学社会科学版)，22 (5)：43 - 55，155. DOI：10.13916/j. cnki. issn1671 - 511x. 2020.05.005.

仇焕广，陈瑞剑，廖绍攀，等，2013. 中国农业企业"走出去"的现状、问题与对策 [J]. 农业经济问题，34 (11)：44 - 50，111. DOI：10.13246/j. cnki. iae. 2013. 11.013.

邱立成，杨德彬，2015. 中国企业 OFDI 的区位选择：国有企业和民营企业的比较分析 [J]. 国际贸易问题 (6)：139 - 147. DOI：10.13510/j. cnki. jit. 2015.06.013.

容金霞，顾浩，2016. 全球价值链分工地位影响因素分析：基于各国贸易附加值比较的视角 [J]. 国际经济合作 (5)：39 - 46.

邵汉华，李莹，汪元盛，2019. 贸易网络地位与出口技术复杂度：基于跨国面板数据的实证分析 [J]. 贵州财经大学学报 (3)：1 - 11.

申凯红，赵金鑫，田志宏，2018. 蒙古农产品对外贸易及中蒙双边贸易分析 [J]. 世界农业 (4)：17 - 22，195. DOI：10.13856/j. cn11 - 1097/s. 2018.04.003.

盛豪，2018. 我国农产品加工业参与全球价值链分工的生产率效应 [D]. 淄博：山东理工大学.

宋洪远，徐雪，翟雪玲，等，2012. 扩大农业对外投资　加快实施"走出去"战略 [J]. 农业经济问题，33 (7)：11 - 19，110. DOI：10.13246/j. cnki. iae. 2012.07.002.

宋洪远，张红奎，2014. 我国企业对外农业投资的特征、障碍和对策 [J]. 农业经济问题 (9)：4 - 10. DOI：10.13246/j. cnki. iae. 2014.09.001.

苏庆义，2016. 中国国际分工地位的再评估：基于出口技术复杂度与国内增加值双重视角的分析 [J]. 财经研究，42 (6)：40 - 51. DOI：10.16538/j. cnki. jfe. 2016. 06.004.

孙茵，2021. 中国对外直接投资对全球价值链升级的影响研究 [D]. 济南：山东财经大学. DOI：10.27274/d. cnki. gsdjc. 2021.000426.

孙乐，苑韶峰，朱从谋，2021. 普惠金融对农户宅基地退出行为的影响：基于成都市试点区域 401 份农户样本 [J]. 资源科学，43 (11)：2342 - 2355.

孙乾坤，包歌，郑玮，2021. 企业异质性与对外直接投资区位选择：基于生产率和所有权视角的研究 [J]. 财贸研究，32 (8)：9 - 26. DOI：10.19337/j. cnki. 34 -

1093/f. 2021.08.002.

孙炜，2019. 劳动力成本上升对我国农业价值链地位的影响研究 [D]. 武汉：华中农业大学. DOI：10.27158/d. cnki. ghznu. 2019.000441.

孙延红，吴石磊，牛银舟，2020. 发展中国家全球农业价值链地位及影响因素分析 [J]. 统计与决策，36 (9)：150 - 153. DOI：10.13546/j. cnki. tjyjc. 2020.09.032.

汤碧，常月，2019. 中国农业价值链地位测度与发展研究：基于亚太区域的分析 [J]. 农业经济问题 (10)：50 - 62. DOI：10.13246/j. cnki. iae. 2019.10.005.

唐家龙，贾合义，2020. 在哈萨克斯坦实践"订单农业" [J]. 中国投资 (中英文) (1)：58 - 59.

陶长琪，徐志琴，2019. 国际直接投资对全球价值链分工地位的影响效应研究：基于对 41 个国家的差异性考察 [J]. 南昌工程学院学报，38 (1)：6 - 15.

汪晶晶，马惠兰，唐洪松，等，2017. 中国农业对外直接投资区位选择的影响因素研究 [J]. 商业经济与管理 (8)：88 - 97. DOI：10.14134/j. cnki. cn33 - 1336/f. 2017.08.009.

汪泰，陈俊华，2020. 中国-中亚-西亚经济走廊贸易投资便利化水平研究 [J]. 世界地理研究，29 (5)：883 - 892.

王丰龙，司月芳，曾刚，2019. 地缘战略视角下"一带一路"倡议对中国对外直接投资的影响研究 [J]. 人文地理，34 (1)：72 - 79. DOI：10.13959/j. issn. 1003 - 2398. 2019.01.010.

王金亮，2014. 基于上游度测算的我国产业全球地位分析 [J]. 国际贸易问题 (3)：25 - 33. DOI：10.13510/j. cnki. jit. 2014.03.003.

王琦，2016. 东盟与中日韩 (10＋3) 粮食安全与农业投资 [J]. 世界农业，451 (11)：56 - 60. DOI：10.13856/j. cn11 - 1097/s. 2016.11.010.

王兴华，2017. 新形势下中国农业开放现状与挑战分析 [J]. 山西农业大学学报 (6)：35 - 41. DOI：10.13842/j. cnki. issn1671 - 816x. 2017.06.007.

王艳华，郝均，赵建吉，等，2017. 从 GPN 1.0 到 2.0：全球生产网络理论研究进展与评述 [J]. 地理与地理信息科学，33 (6)：87 - 93.

王一鸣，2020. 百年大变局、高质量发展与构建新发展格局 [J]. 管理世界，36 (12)：1 - 13. DOI：10.19744/j. cnki. 11 - 1235/f. 2020.0179.

王永春，徐明，王秀东，2015. 我国农业对外投资的特点、问题与对策 [J]. 经济纵横 (10)：79 - 84. DOI：10.16528/j. cnki. 22 - 1054/f. 201510079.

王玉燕，林汉川，吕臣，2014. 全球价值链嵌入的技术进步效应：来自中国工业面板数据的经验研究 [J]. 中国工业经济（9）：65 - 77. DOI：10.19581/j. cnki. ciejournal. 2014.09.005.

王月，程景民，2020. 贸易摩擦、中国农产品市场引力效应与伙伴国贸易前景：基于随机模型及 15 国数据的实证研究 [J]. 农业经济问题（5）：131 - 142. DOI：10.13246/j. cnki. iae. 2020.05.012.

王泽宇，刘刚，梁晗，2019. 中国企业对外投资选择的多样性及其绩效评价 [J]. 中国工业经济（3）：5 - 23. DOI：10.19581/j. cnki. ciejournal. 2019.03.011.

文东伟，冼国明，2010. 中国制造业的垂直专业化与出口增长 [J]. 经济学（季刊），9（2）：467 - 494. DOI：10.13821/j. cnki. ceq. 2010.02.016.

温薇，张涵诗，张启文，2022. 基于 EWM - DEA 模型的农村金融生态环境评价：以黑龙江省 12 个地级市为例 [J]. 农业经济与管理（2）：92 - 102.

温忠麟，叶宝娟，2014. 中介效应分析：方法和模型发展 [J]. 心理科学进展，22（5）：731 - 745.

伍铎克，杨沙沙，2022. 西方四大粮商如何大发"战争财" [N]. 环球时报，08 - 08（011）. DOI：10.28378/n. cnki. nhqsb. 2022.006816.

伍先福，2019. 全球价值链出口技术复杂度指数研究述评 [J]. 技术经济，38（2）：16 -21，90.

吴先明，黄春桃，2016. 中国企业对外直接投资的动因：逆向投资与顺向投资的比较研究 [J]. 中国工业经济（1）：99 - 113. DOI：10.19581/j. cnki. ciejournal. 2016.01.007.

夏昕鸣，谢玉欢，吴婉金，等，2020. "一带一路"沿线国家投资环境评价 [J]. 经济地理，40（1）：21 - 33. DOI：10.15957/j. cnki. jjdl. 2020.01.003.

辛晴，刘伟全，2011. 对外直接投资在全球价值链升级中的作用 [J]. 国际经济合作（2）：91 - 94.

徐雪高，张振，2015. 政策演进与行为创新：农业"走出去"模式举证 [J]. 改革（3）：127 - 135.

杨杰，2017. 农业全球价值链的嵌入位置与增值能力关系研究 [J]. 财贸研究，28（9）：39 - 47，66. DOI：10.19337/j. cnki. 34 - 1093/f. 2017.09.004.

杨建龙，李军，2020. 提升中国制造业全球价值链地位的关键和具体措施 [J]. 经济纵横（6）：80 - 88. DOI：10.16528/j. cnki. 22 - 1054/f. 202006080.

杨易，陈瑞剑，2016. 农业走出去模式研究［J］. 理论探讨（15）：20 - 23.

姚战琪，2019. 全球价值链背景下提升中国服务业真实开放度研究［J］. 河北学刊，39
　　（1）：124 - 129.

尹成杰，2010. 农业跨国公司与农业国际化的双重影响［J］. 农业经济问题，31（3）：
　　4 - 10，110. DOI：10.13246/j. cnki. iae. 2010.03.013.

尹东东，张建清，2016. 我国对外直接投资逆向技术溢出效应研究：基于吸收能力视
　　角的实证分析［J］. 国际贸易问题（1）：109 - 120. DOI：10.13510/j. cnki. jit.
　　2016.01.010.

于津平，邓娟，2014. 垂直专业化、出口技术含量与全球价值链分工地位［J］. 世界经
　　济与政治论坛（2）：44 - 62.

于世海，2014. 中国对外直接投资与产业升级互动机制研究［D］. 武汉：武汉理工
　　大学.

于旭波，2017. 中粮集团：构建全球供应链，打造国际化大粮商［J］. 当代金融家
　　（5）：74 - 77.

余莹，2015. 我国对外基础设施投资模式与政治风险管控：基于"一带一路"地缘政
　　治的视角［J］. 经济问题（12）：8 - 14. DOI：10.16011/j. cnki. jjwt. 2015.12.002.

曾向红，2020. 美国新中亚战略评析［J］. 国际问题研究（2）：33 - 52，135.

张晨，秦路，2014. 涉农企业自身、金融服务主体与农业"走出去"战略的关联度
　　［J］. 改革（5）：134 - 138.

张晨曦，2021. 中国对外直接投资对制造业全球价值链地位的影响研究［J］. 南京大
　　学 . DOI：10.27235/d. cnki. gnjiu. 2021.000826.

张凤兵，王会宗，2019. 异质性视角下的R&D企业投入、政府资助与创新绩效：基于
　　微观面板的计数模型实证研究［J］. 经济与管理评论，35（2）：80 - 92. DOI：
　　10.13962/j. cnki. 37 - 1486/f. 2019.02.007.

张鸿武，钟春平，2016. 知识产权保护还是R&D补贴：提升中国工业技术创新能力的
　　公共政策选择［J］. 东南学术（2）：55 - 67，248. DOI：10.13658/j. cnki. sar.
　　2016.02.006.

张其仔，许明，2020. 中国参与全球价值链与创新链、产业链的协同升级［J］. 改革
　　（6）：58 - 70.

张亚斌，肖慕艺，2015. 贸易增加值口径下的中国服务贸易出口技术复杂度测算及国
　　际比较［J］. 商业研究（5）：113 - 121. DOI：10.13902/j. cnki. syyj. 2015.05.017.

张岳然，费瑾，2020. 双边投资协定、东道国制度环境与中国对外直接投资区位选择
　　[J]. 世界经济与政治论坛（6）：116 - 141.

赵贝贝，2015. 中国大型粮食跨国企业的培育研究 [D]. 湛江：广东海洋大学.

赵捷，姜小鱼，陈秧分，2020. "一带一路" 农业投资风险评估及其对农业 "走出去"
　　的启示 [J]. 农业现代化研究，41（4）：599 - 607. DOI：10.13872/j.1000 - 0275.
　　2020.0051.

赵凌云，夏雪娟，2021. 中美农业全球价值链嵌入位置与演进路径的对比研究：基于
　　全球价值链生产长度的比较 [J]. 世界农业（1）：38 - 45，56，129. DOI：10.
　　13856/j. cn11 - 1097/s. 2021.01.005.

赵赛，胡必亮，2022. 投资风险与中国对外直接投资的区位选择 [J]. 统计与决策，38
　　（9）：153 - 158. DOI：10.13546/j. cnki. tjyjc. 2022.09.030.

赵彤，2021. 生产性服务业对外直接投资对中国全球价值链分工地位影响研究 [D].
　　沈阳：辽宁大学. DOI：10.27209/d. cnki. glniu. 2021.001398.

郑丹青，2019. 对外直接投资与全球价值链分工地位：来自中国微观企业的经验证据
　　[J]. 国际贸易问题（8）：109 - 123. DOI：10.13510/j. cnki. jit. 2019.08.008.

郑江淮，郑玉，2020. 新兴经济大国中间产品创新驱动全球价值链攀升：基于中国经
　　验的解释 [J]. 中国工业经济（5）：61 - 79. DOI：10.19581/j. cnki. ciejournal. 2020.
　　05.015.

郑沃林，徐云飞，郑荣宝，2019. 旧村改造项目绩效评价研究：以广州市白云区为例
　　[J]. 地域研究与开发，38（3）：125 - 129. DOI：10.19581/j. cnki. ciejournal. 2020.
　　05.015.

钟祖昌，张燕玲，孟凡超，2021. 一国对外直接投资网络构建对其全球价值链分工位
　　置的影响研究：基于社会网络分析的视角 [J]. 国际贸易问题（3）：93 -108. DOI：
　　10.13510/j. cnki. jit. 2021.03.007.

周杰，2020. 流通企业互联网化发展的现实诉求与模式创新：基于全价值链视角 [J].
　　商业经济研究（12）：115 - 118.

周雷，钟昌标，2017. 面对逆全球化动向我国农业企业对外投资策略 [J]. 阅江学刊，
　　9（5）：18 - 25，144. DOI：10.13878/j. cnki. yjxk. 20171102.015.

周露露，2017. 农业企业海外并购的问题研究：以中粮集团为例 [J]. 财经界（30）：
　　23 - 24. DOI：10.16266/j. cnki. cn11 - 4098/f. 2017.20.010.

周升起，兰珍先，付华，2014. 中国制造业在全球价值链国际分工地位再考察：基于

Koopman 等的 "GVC 地位指数" [J]. 国际贸易问题（2）：3-12. DOI：10. 13510/ j. cnki. jit. 2014. 02. 001.

周炜，2021. 对外直接投资对母国全球价值链地位升级的影响研究 [D]. 南京：南京财经大学. DOI：10. 27705/d. cnki. gnjcj. 2021. 000310.

ALDEN C，2013. China and the long march into African agriculture [J]. Cahiers Agricultures，22（1）：16-21. DOI：10. 1684/agr. 2012. 0600.

AMANOR K S，CHICHAVA S，2016. South-south cooperation，agribusiness，and African agricultural development：Brazil and China in Ghana and Mozambique [J]. World Development，81：13-23. DOI：10. 1016/j. worlddev. 2015. 11. 021.

ANTRAS P，CHOR D，FALLY T，RUSSELL H，2012. Measuring the upstreamness of production and trade flows [J]. American Economic Review，102（3）：412-416. DOI：10. 1257/aer. 102. 3. 412.

AUNG M M，CHANG Y S，2014. Traceability in a food supply chain：Safety and quality perspectives [J]. Food Control，39：172-184. DOI：10. 1016/j. foodcont. 2013. 11. 007.

AZADI H，HOUSHYAR E，ZARAFSHANI K，et al. ，2013. Agricultural outsourcing：a two-headed coin? [J]. Global and Planetary Change（100）：20-27. DOI：10. 1016/j. gloplacha. 2012. 10. 002.

BARNEY J，1991. Firm resources and sustained competitive advantage [J]. Journal of Management，17（1）：99-120. DOI：10. 1177/ 014920639101700108.

BARON R M，KENNY D A，1986. The Moderator-mediator variable distinction in social psychological research：Conceptual，strategic，and statistical considerations [J]. Journal of Personality and Social Psychology，51：1173-1182. DOI：10. 1037//0022-3514. 51. 6. 1173.

BASTOS P，SILVA J，2012. Networks，firms，and trade [J]. Policy Research Working Paper，87（2）：352-364. DOI：10. 1016/j. jinteco. 2011. 12. 011.

BLOMSTROM M，SJOHOLM F，1999. Technology transfer and spillovers：Does local participation with multinationals matter? [J]. European Economic Review，4：915-923. DOI：10. 1016/S0014-2921（98）00104-4.

BLYDE J S，2014. The Drivers of Global Value Chain Participation：Cross-Country Analyses [M]. Synchronized Factories.

BORGATTI S P, FOSTER P C, 2003. The network paradigm in organizational research: A review and typology [J]. Journal of Management, 29 (6): 991 –1013. DOI: 10. 1016/S0149 – 2063_03_00087 – 4.

BROWN D W, KONRAD A M, 2001. Granovetter was right: The importance of weak ties to a contemporary job search [J]. Group & Organization Management, 26 (4): 434 – 462. DOI: 10. 1177/1059601101264003.

BUCKLRY P, CASSON M, 1976. The Future of the Multinational Enterprise [R]. New York: Holmes and Melers. DOI: 10. 2307/1250254.

CANTWELL J, 1989. Technological Innovation and Multinational Corporations [R]. B. Blackwell: Cambridge, MA, USA. DOI: 10. 2307/2234150.

CARRIL – CACCIA F, MILGRAM – BALEIX J, PANIAGUA J, 2019. Foreign direct investment in oil – abundant countries: The role of institutions [J]. Plos One, 14 (4): e0215650. DOI: 10. 1371/journal. pone. 0215650.

CHEN Y, LI X, WANG L, WANG S, 2017. Is China different from other investors in global land acquisition? Some observations from existing deals in China's Going Global Strategy [J]. Land Use Policy (1): 362 – 372. DOI: 10. 1016/j. landusepol. 2016. 10. 045.

CHICHAVA S, DURAN J, CABRAL L, et al., 2013. Brazil and China in Mozambican agriculture: Emerging insights from the field [J]. IDS Bulletin (4): 101 – 115. DOI: 10. 1111/1759 – 5436. 12046.

CINCER M, 1997. Patents, R&D and technological spillovers at the firm level: Some evidence from econometric count models for panel data [J]. Journal of Applied Econometrics, 12 (3): 265 – 280. DOI: 10. 1002/ (SICI) 1099 – 1255 (199705) 12: 33. 0. CO; 2 – J.

CLAPP J, 2017. Food self – sufficiency: Making sense of it, and when it makes sense [J]. Food Policy, 66: 88 – 96. DOI: 10. 1016/j. foodpol. 2016. 12. 001.

CUERVO – CAZURRA A, GENC M, 2008. Transforming disadvantages into advantages: Developing – Country MNEs in the least developed countries [J]. Journal of International Business Studies, 39 (6): 957 – 979. DOI: 10. 1057/palgrave. jibs. 8400390.

CUI L, JIANG F, 2010. Behind ownership decision of Chinese outward FDI: Resources and institutions [J]. Asia Pacific Journal of Management, 27 (4): 751 – 774. DOI:

10. 1007/s10490 - 009 - 9136 - 5.

DEININGER K, BYERLEE D, LINDSAY J, et al., 2011. Rising Global Interest in Farmland: Can It Yield Sustainable and Equitable Benefits? [R]. Washington, DC: The World Bank. DOI: 10. 1017/S0014479711000548.

DING G, VITENU - SACKEY P A, CHEN W, et al., 2021. The role of foreign capital and economic freedom in sustainable food production: Evidence from DLD countries [J]. Plos One, 16 (7): e0255186. DOI: 10. 1371/journal. pone. 0255186.

DJIKOTO J G, AGYEI HENAKU K A A O, BADU - PRAH C, 2022. Welfare effects of agricultural foreign direct investment in developing countries [J]. Frontiers in Sustainable Food Systems, 6: 1 - 11. DOI: 10. 3389/fsufs. 2022. 748796.

DRIES L, SWINNEN J F M, 2004. Foreign direct investment, vertical integration, and local suppliers: Evidence from the polish dairy sector [J]. World Development, 32: 1525 - 1544. DOI: 10. 1016/j. worlddev. 2004. 05. 004.

DUNNING J H, 1981. International Production and the Multinational Enterprise [R]. George Allen and Unwin: London, UK. DOI: 10. 4324/9780203077818.

DUNNING J H, 1988. Explaining the international direct investment position of countries [J]. The International Trade Journal (1): 21 - 26.

DUNNING J H, 1998. Location and the multinational enterprise: A neglected factor? [J]. Journal of International Business Studies, 29 (1): 45 - 66. DOI: 10. 1057/palgrave. jibs. 8490024.

FIORENTINI M, 2016. How is the Chinese "Going Out" policy having an impact on agriculture - related with Africa? A political and economic analysis of Sino - African relations [R]. Sussex: Institute of Development Studies.

FREEMAN L C, 1979. Centrality in social networks: Conceptual clarification [J]. Social Networks (1): 215 - 239. DOI: 10. 1016/0378 - 8733 (78) 90021 - 7.

GE Y, DOLLAR D, YU X, 2020. Institutions and participation in global value chains: Evidence from belt and road initiative [J]. China Economic Review, 61 (2): 101447. DOI: 10. 1016/j. chieco. 2020. 101447.

GEREFFI G, HUMPHREY J, STURGEON T, 2005. The governance of global value chains [J]. Review of International Political Economy, 12 (1): 78 - 104. DOI: 10. 1080/09692290500049805.

GEREFFI G, KAPLINSKY R, 2001. The value of value chains: Spreading the gains from globalisation [M]. IDS Bulletin, 32 (3).

GEREFFI G, KORZENIEWICZ M, 1994. Commodity Chains and Global Capitalism [R]. Westport, Connecticut: Praeger. DOI: 10. 2307/2076496.

GIULIANI E, PIETROBELLI C, RABELLOTTI R, 2005. Upgrading in global value chains: Lessons from Latin American clusters [J]. World Development, 33 (4): 549 – 573. DOI: 10. 1016/j. worlddev. 2005. 01. 002.

GLASER B G, STRAUSS A L, 1967. The Discovery of Grounded Theory: Strategies for Qualitative Research [R]. New Brunswick: Aldine Transactions. DOI: 10. 1097/ 00006199 – 196807000 – 00014.

GRANOVETTER M S, 1973. The strength of weak tie [J]. American Journal of Sociology, 78: 1360 – 1380. DOI: 10. 1086/ 225469.

GU J, CARTY A, 2014. China and African development: Partnership not mentoring [J]. IDS Bulletin, 45 (4): 57 – 69. DOI: 10. 1111/1759 – 5436. 12093.

GUNASEKERA D, CAI Y, NEWTH D, 2015. Effects of foreign direct investment in African agriculture [J]. China Agricultural Economic Review, 7 (2): 167 – 184. DOI: 10. 1108/CAER – 08 – 2014 – 0080.

HALLAM D, 2009. Foreign Investment in Developing Country Agriculture – Issues, Policy Implications and International Response. Beyond the Crisis: International Investment for a Stronger, Cleaner, Fairer Global Economy [C]. In Proceedings of the OECD 8th Global Forum on International Investment VIII, Paris, France.

HAYES A F, 2018. Introduction to Mediation, Moderation, and Conditional Process Analysis: A Regression – Based Approach [M]. Guilford Press.

HE F, WANG B, 2014. Chinese interests in the global investment regime [J]. China Economic Journal, 7 (1): 4 – 20. DOI: 10. 1080/17538963. 2013. 874067.

HENDERSON J, 1998. Danger and Opportunity in the Asia – Pacific [M]. In: Thompson G (eds). Economic dynamism in the Asia Pacific. London: Routledge: 356 – 384.

HERZER D, 2012. How does foreign direct investment really affect developing countries' growth? [J]. Review of International Economics, 20 (2): 396 – 414. DOI: 10. 1111/j. 1467 – 9396. 2012. 01029. x.

HERZER D, 2011. The long – run relationship between outward foreign direct investment and total factor productivity: Evidence for developing countries [J]. Journal of Development Studies, 47 (5): 767 – 785. DOI: 10. 1080/00220388. 2010. 509790.

HESS M, 2004. "Spatial" relationships? Towards a reconceptualization of embeddedness [J]. Progress in Human Geography, 28 (2): 165 – 186. DOI: 10. 1191/0309132504ph479oa.

HOFMAN I, HO P, 2012. China's "developmental outsourcing": A critical examination of Chinese global "land grabs" discourse [J]. Journal of Peasant Studies, 39 (1): 1 –48. DOI: 10. 1080/03066150. 2011. 653109.

HU H W, CUI L, 2014. Outward foreign direct investment of publicly listed firms from China: A corporate governance perspective [J]. International Business Review, 23 (4): 750 – 760. DOI: 10. 1016/j. ibusrev. 2013. 11. 003.

HUANG Y, XIE E, LI Y, et al. , 2017. Does state ownership facilitate outward FDI of Chinese SOEs? Institutional development, market competition, and the logic of interdependence between governments and SOEs [J]. International Business Review, 26 (1): 176 – 188. DOI: 10. 1016/j. ibusrev. 2016. 06. 005.

HUMMELS D, ISHII J, YI K M, 2001. The nature and growth of vertical specialization in world trade [J]. Journal of International Economics, 54 (1): 75 – 96. DOI: 10. 2139/ssrn. 163193.

HUMPHREY J, SCHMITZ H, 2000. Governance and upgrading: Linking industrial cluster and global value chain [R]. IDS Working Paper 120, Brighton.

HUMPHREY J, SCHMITZ H, 2002. How does insertion in global value chains affect upgrading in industrial clusters [J]. Regional Studies, 36 (9): 1017 – 1027. DOI: 10. 1080/0034340022000022198.

HYMER S H, 1960. The International Operations of National Firms: A Studies of Direct Foreign Investment [M]. MIT Press: Cambridge, MA, USA.

IBRAHIM M, ADAM I O, SARE Y A, 2019. Networking for foreign direct investment in Africa: How important are ICT environment and financial sector development? [J]. Journal of Economic Integration, 34 (2): 346 – 369. DOI: 10. 11130/jei. 2019. 34. 2. 346.

JARRETT H, DRAGAN M, SALEEM S, 2015. The impact of trade openness on technical efficiency in the agricultural sector of the European Union [J]. Applied Economics, 47 (12): 1230 – 1247. DOI: 10. 1080/00036846. 2014. 993134.

JIANG X, CHEN Y, 2020. The potential of absorbing foreign agricultural investment to improve food security in developing countries [J]. Sustainability, 12 (6): 2481. DOI: 10.3390/su12062481.

JIANG X, CHEN Y, WANG L, 2019. Can China's agricultural FDI in developing countries achieve a win - win goal? - Enlightenment from the literature [J]. Sustainability, 11 (1): 41. DOI: 10.3390/su11010041.

JURGEN B, MONIKA K, 2008. Does foreign direct investment transfer technology across borders? New evidence [J]. Economics Letters, 100 (3): 355 - 358. DOI: 10.1016/j.econlet.2008.02.029.

KAPLINSKY R, 2000. Spreading the gains from globalization: What can be learned from value chain analysis? [J]. Journal of Development Studies, 37 (2): 117 - 146.

KAPLINSKY R, MORRIS M, 2003. Governance matters in value chains [J]. Developing Alternatives, 9 (1): 11 - 18.

KHOURI N, SHIDEED K, KHERALLAH M, 2011. Food security: Perspectives from the Arab World [J]. Food Security, 3: 1 - 6. DOI: 10.1007/s12571 - 010 - 0101 - 4.

KNICKERBOCKER F T, 1973. Oligopolistic reaction and multinational enterprise [J]. The International Executive, 15 (2): 7 - 9. DOI: 10.1002/tie.5060150205.

KNOPFEL L D, 2020. An anthropological reimagining of contract in global value chains: The governance of corporate - community relations in the Colombian mining sector [J]. European Review of Contract Law, 16 (1): 118 - 138. DOI: 10.1515/ercl - 2020 - 0007.

KOJIMA K, 1978. Direct Foreign Investment: A Japanese Model of Multinational Business Operations [M]. London: Croom Helm.

KOLSTAD I, WIIG A, 2012. What determines Chinese outward FDI? [J]. Journal of World Business, 47 (1): 26 - 34. DOI: 10.1016/j.jwb.2010.10.017.

KOOPMAN R, POWERS W M, WANG Z, et al., 2010. Give credit where credit is due: Tracing value added in global production chains [J]. National Bureau of Economic Research, 16 (4): 11 - 28. DOI: 10.3386/w16426.

KOOPMAN R, WANG Z, Wei S L, 2008. How much of Chinese Exports is Really Made in China? Assessing Domestic Value - Added When Processing Trade is Pervasive

[R]. Boston: National Bureau of Economic Research: 1 - 53.

KOOPMAN R, WANG Z, Wei S L, 2012. Estimating domestic content in exports when processing trade is pervasive [J]. Journal of Development Economics, 99 (1): 178 - 189. DOI: 10. 1016/j. jdeveco. 2011. 12. 004.

LALL S, MOHAMMAD S, 1983. Multinationals in Indian big business: Industrial characteristic of foreign investment in a heavily regulated economy [J]. Journal of Development Economics, (1 - 2): 143 - 157. DOI: 10. 1016/0304 - 3878 (83) 90056 - 1.

LALL S, WEISS J A, ZHANNG J, 2006. The sophistication of exports: A new trade measure [J]. World Development, 34 (2): 222 - 237. DOI: 10. 1016/j. worlddev. 2005. 09. 002.

LAMPIETTI J A, MICHAELS S, MAGNAN N, et al. , 2011. A strategic framework for improving food security in Arab countries [J]. Food Security, 3: 7 - 22. DOI: 10. 1007/s12571 - 010 - 0102 - 3.

LI X, ZHOU W, HOU J, 2021. Research on the impact of OFDI on the home country's global value chain upgrading [J]. International Review of Financial Analysis, 77 (1): 101862. DOI: 10. 1016/j. irfa. 2021. 101862.

LISK F, 2013. "Lang grabbing" or harnessing of development potential in agriculture? East Asia's land - based investments in Africa [J]. Pacific Review, 26 (5): 563 - 587. DOI: 10. 1080/09512748. 2013. 842314.

LOUIS T W, 1983. Third World Multinationals: The Rise of Foreign Investment from Developing Countries [M]. The MIT Press: Cambridge, MA, USA.

LU J, LIU X, WANG H, 2011. Motives for outward FDI of Chinese private firms: Firm resources, industry dynamics, and government policies [J]. Management and Organization Review, 7 (2): 223 - 248. DOI: 10. 1111/j. 1740 - 8784. 2010. 00184. x.

LU X, LI Y, KE S, 2020. Spatial distribution pattern and its optimization strategy of China's overseas farmland investments [J]. Land Use Policy, 91 (2004): 104355. DOI: 10. 1016/j. landusepol. 2019. 104355.

MICHAELY M, 1984. Trade, Income Levels, and Dependence [M]. North - Holland, Amsterdam: Elsevier Science Ltd. DOI: 10. 2307/2233286.

MOGHADAM A T, MAZLAN N S, CHIN L, et al. , 2019. Mergers and acquisitions and greenfield foreign direct investment in selected ASEAN Countries [J]. Journal of

Economic Integration, 34 (4): 746 – 765. DOI: 10. 11130/jei. 2019. 34. 4. 746.

PALIT A, 2006. Technology Upgradation through Global Value Chains: Challenges before BIMSTEC Nations [R]. CSIRD Discussion Paper, No. 13.

PHELPS N A, WALRY P, 2004. Capital versus the districts: A tale of one multinational company's attempt to dissembled itself [J]. Economic Geography, 80 (2): 191 – 215. DOI: 10. 1111/j. 1944 – 8287. 2004. tb00307. x.

PORTER M E, 1985. Competitive Advantage, Creating and Sustaining Superior Performance [M]. The Free Press, United States.

RAUCH J E, 2001. Business and social networks in international trade [J]. Journal of Economic Literature, 39 (4): 1177 – 1203. DOI: 10. 1257/jel. 39. 4. 1177.

REYES J, SCHIAVO S, FAGIOLO G, 2008. Assessing the evolution of international economic integration using random walk betweenness centrality: The cases of East Asia and Latin America [J]. Advances in Complex Systems, 11 (5): 685 – 702. DOI: 10. 1142/S0219525908001945.

SCHONEVELD G C, 2014. The geographic and sectoral patterns of large – scale farmland investments in sub – Saharan Africa [J]. Food Policy, 48: 34 – 50. DOI: 10. 1016/j. foodpol. 2014. 03. 007.

SCOONWS I, AMANOR K, FAVARETO A, et al., 2016. A new politics of development cooperation? Chinese and Brazilian engagements in African agriculture [J]. World Development, 81: 1 – 12. DOI: 10. 1016/j. worlddev. 2015. 11. 020.

SORIANO B, GARRIDO A, 2016. How important is economic growth for reducing undernourishment in developing countries? [J]. Food Policy, 63: 87 – 101. DOI: 10. 1016/j. foodpol. 2016. 07. 004.

TIAN R, YANG Z, SHAO Q, 2020. Effects of host country resource endowment and labor cost on China's investment in overseas cultivated land [J]. Environmental Science and Pollution Research, 27 (36): 45282 – 45296. DOI: 10. 1007/s11356 – 020 – 10373 – 3.

TOLENTINO P E, 2010. Home country macroeconomic factors and outward FDI of China and India [J]. Journal of International Management, 16 (2): 102 – 120. DOI: 10. 1016/j. intman. 2010. 03. 002.

TORTAJADA C, ZHANG H, 2021. When food meets BRI: China's emerging Food

Silk Road [J]. Global Food Security, 29, 100518. DOI: 10.1016/j. gfs. 2021. 100518.

TSENG C H, TANSUHAJ P, HALLAGAN W, et al., 2007. Effects of firm resources on growth in multinationality [J]. Journal of International Business Studies, 38 (6): 961 - 974. DOI: 10.1057/palgrave. jibs. 8400305.

TULONE A, GALATI A, PECORARO S, et al., 2022. Main intrinsic factors driving land grabbing in the African countries' agro - food industry [J]. Land Use Policy, 120 (2): 1 - 9. DOI: 10.1016/j. landusepol. 2022. 106225.

WANG C, HONG J, KAFOUROS M, et al., 2012. What drives outward FDI of Chinese Firms? Testing the explanatory power of three theoretical frameworks [J]. International Business Review, 21 (3): 425 - 438. DOI: 10.1016/j. ibusrev. 2011. 05. 004.

WILLIAMS T O, 2015. Reconciling food and water security objectives of MENA and sub - Saharan Africa: Is there a role for large - scale agricultural investments? [J]. Food Security, 7 (6): 1199 - 1209. DOI: 10.1007/s12571 - 015 - 0508 - z.

XU X, LI X, QI G, et al., 2016. Science, technology, and the politics of knowledge: The case of China's agricultural technology demonstration centers in Africa [J]. World Development, 81: 82 - 91. DOI: 10.1016/j. worlddev. 2016. 01. 003.

XU X L, QI G B, LI X Y, 2014. Business borderlands: China's overseas state agribusiness [J]. IDS Bulletin, 45 (4): 114 - 124. DOI: 10.1111/1759 - 5436. 12097.

YANG S, YI Y, 2021. Effect of technological innovation inputs on global value chains status [J]. Journal of Global Information Management, 29 (5): 37 - 54. DOI: 10.4018/JGIM. 20210901. oa3.

YEUNG H W, 2005. Rethinking relational economic geography [J]. Transactions of the Institute of British Geographers, 30 (1): 37 - 51. DOI: 10.1111/j. 1475 - 5661. 2005. 00150. x.

YEUNG H W, COE N, 2015. Toward a dynamic theory of global production networks [J]. Economic geography, 91 (1): 29 - 58. DOI: 10.1111/ecge. 12063.

ZHA D J, ZHANG H Z, 2013. Food in China's international relations [J]. Pacific Review, 26 (5): 455 - 479. DOI: 10.1080/09512748. 2013. 842308.

附 录 APPENDIX

层次分析法专家问卷

尊敬的专家：

您好！非常感谢您在百忙之中抽出时间，就本人博士论文《中国农业企业对外投资区位选择研究——基于价值链视角》中各项指标的相对重要性进行评判。问卷共三个部分，需要您分别判断各项指标对于企业在产前、产中和产后环节开展农业对外投资活动的影响。相关说明如下：

第一，关于指标体系，如表 A-1（共有 6 个一级指标和 20 个二级指标）：

表 A-1　指标体系与数据来源

一级指标	二级指标	指标名称	符号预期	数据来源
东道国引资需求（A）	粮食安全（A_1）	粮食供应当量	—	FAO
	经济发展（A_2）	人均 GDP	—	世界银行
	就业水平（A_3）	就业率	—	世界银行
东道国资源优势（B）	耕地资源（B_1）	人均耕地面积	＋	世界银行
	水资源（B_2）	地均水资源拥有量	＋	世界银行
	劳动力资源（B_3）	农业就业人数占比	＋	世界银行
东道国市场优势（C）	市场规模（C_1）	市场规模指数	＋	全球竞争力报告
	市场开放程度（C_2）	商品贸易/GDP	＋	世界银行
	市场成长性（C_3）	GDP 增长率	＋	世界银行
	在该国投资基础（C_4）	对外直接投资存量占比	＋	中国统计年鉴

（续）

一级指标	二级指标	指标名称	符号预期	数据来源
东道国地缘优势（D）	地缘政治（D_1）	中国外交伙伴关系等级	＋	外交部网站
	经济关系（D_2）	有双边投资或自贸协定取1，否则为0	＋	中国商务部网站、中国自由贸易区服务网
	文化因素（D_3）	地理距离	－	CEP Ⅱ 数据库
东道国技术优势（E）	农业技术水平（E_1）	谷物单产	＋	世界银行
	人力资本（E_2）	人力资本指数	＋	世界银行
东道国营商环境（F）	政治法治环境（F_1）	全球治理指数均值	＋	世界银行
	经济稳定性（F_2）	通货膨胀率	－	世界银行
	物流基础设施（F_3）	物流绩效指数	＋	世界银行
	通信设施（F_4）	每百万人安全互联网服务器	＋	世界银行
	营商便利度（F_5）	营商环境便利度指数	＋	Doing Business 数据库

（1）这套指标体系分别适用于产前、产中、产后的投资，只是产前、产中、产后各指标的权重存在差异。

（2）指标体系的建立主要出于三个方面的考虑：一是企业的投资动机，根据邓宁（1998）对外商投资动机的划分，即对外直接投资动机可分为资源寻求型、市场寻求型、效率寻求型以及战略资产寻求型等不同类型，对应东道国的资源、市场、地缘和技术优势。二是东道国的宏观环境是否适合开展农业对外投资，如政治、经济、法治环境、基础设施等。三是东道国的投资机会，是否具有强烈的吸引外资的需求促进其农业技术、就业水平的提高以及经济的发展等，一般来说，迫切需要引进外资的国家会出台更多的政策、制度吸引外资流入。指标体系建立的逻辑如图 A-1 所示：

（3）指标体系已充分吸纳了专家意见，部分问题解释如下：①引资需求相关指标的方向性。根据 Dunning（1981）的投资发展周期论，一国的国际投资规模与其经济发展水平有密切的关系，人均国民生产

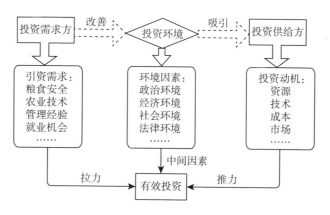

图 A-1　指标体系构建逻辑图

总值越高，其对外直接投资净额就越大；反之，一国经济发展水平越低，对外直接投资额越小，引进外商投资的需求越大。因此，认为人均 GDP 与东道国引进外资的需求负相关。一般认为，粮食安全水平、就业水平越低，该国越希望能够引进外商进行农业投资，以提高其农业和经济发展以及就业等。之所以设立引资需求相关的指标，是考虑到欠发达国家可能不具备良好的投资环境，也难以满足企业的投资战略动机，但应该适度考虑其投资机会与潜力以及东道国政策吸引力等。②市场规模指数，该指标直接引自全球竞争力报告，不需要自行计算。

第二，关于层次分析法，需请您针对问卷中提到的两个指标的相对重要性加以比较。问卷采用 1～5 标度法，请在相对应的指标下进行填写，数字标度的含义及说明见表 A-2。

表 A-2　矩阵标度及含义

标度 a_{ij}	含义
1	i 和 j 相同重要
3	i 比 j 稍微重要
5	i 比 j 明显重要
2，4	表示上述相邻判断的中间值

（续）

标度 a_{ij}	含义
1/3	i 比 j 稍微不重要
1/5	i 比 j 明显不重要
1/2，1/4	表示上述相邻判断的中间值

注：其中所要填写的数值 a_{ij} 是 A_i（行）比 A_j（列）的重要程度。

比较需具有一致性，如 A_1 比 A_2 重要（$A_1 > A_2$），且 A_2 比 A_3 重要（$A_2 > A_3$），则 A_1 亦比 A_3 重要（$A_1 > A_3$），即 $A_1 > A_2 > A_3$。

举例如下：

在选择旅游目的地时，通常会考虑一个地方的景色、花费、饮食、交通和居住，可以根据自己的需求打分如下（标阴影的部分不需要再打分）：

i ＼ j	景色	花费	饮食	交通	居住
景色		1/2	4	3	3
花费			5	2	2
饮食				1/2	1/3
交通					1
居住					

注：矩阵中"灰色"部分无须填写。白色部分需全部填满，此卷方才有效。可选标度：1/5，1/4，1/3，1/2，1，2，3，4，5。

如表中"景色"那一行：景色与花费相比，认为景色是介于同等重要和稍微不重要之间，选填 1/2；景色与饮食相比，认为景色是介于稍微重要和明显重要之间，选填 4；景色和交通相比，认为景色是稍微重要的，选填 3；景色和居住相比，认为景色是稍微重要的，选填 3。

一、本部分针对的是产前环节（农资生产、农机制造、良种培育等）

矩阵如下（请参照案例填写）：

（一）一级指标的比较（只需填表中非阴影的部分，下表同）

i \ j	东道国引资需求	东道国资源优势	东道国市场优势	东道国地缘优势	东道国技术优势	东道国营商环境
东道国引资需求	1					
东道国资源优势		1				
东道国市场优势			1			
东道国地缘优势				1		
东道国技术优势					1	
东道国营商环境						1

注：可选标度为 1，2，3，4，5，1/2，1/3，1/4，1/5。

（二）二级指标的比较

1. 东道国引资需求二级指标比较

i \ j	粮食安全	经济发展	就业水平
粮食安全	1		
经济发展		1	
就业水平			1

注：可选标度为 1，2，3，4，5，1/2，1/3，1/4，1/5。

2. 东道国资源优势二级指标比较

i \ j	耕地资源	水资源	劳动力资源
耕地资源	1		
水资源		1	
劳动力资源			1

注：可选标度为 1，2，3，4，5，1/2，1/3，1/4，1/5。

3. 东道国市场优势二级指标比较

j i	市场规模	市场开放程度	市场成长性	在该国投资基础
市场规模	1			
市场开放程度		1		
市场成长性			1	
在该国投资基础				1

注：可选标度为 1，2，3，4，5，1/2，1/3，1/4，1/5。

4. 东道国地缘优势二级指标比较

j i	地缘政治	地缘经济	地缘文化
地缘政治	1		
地缘经济		1	
地缘文化			1

注：可选标度为 1，2，3，4，5，1/2，1/3，1/4，1/5。

5. 东道国技术优势二级指标比较

j i	农业技术水平	人力资本
农业技术水平	1	
人力资本		1

注：可选标度为 1，2，3，4，5，1/2，1/3，1/4，1/5。

6. 东道国营商环境二级指标比较

j i	政治法治环境	经济稳定性	物流基础设施	通信设施	营商便利度
政治法治环境	1				
经济稳定性		1			
物流基础设施			1		

（续）

j i	政治法治环境	经济稳定性	物流基础设施	通信设施	营商便利度
通信设施				1	
营商便利度					1

注：可选标度为 1，2，3，4，5，1/2，1/3，1/4，1/5。

二、本部分针对的是产中环节（耕地、播种、施肥、收获、养殖等）

矩阵如下：

（一）一级指标的比较

j i	东道国引资需求	东道国资源优势	东道国市场优势	东道国地缘优势	东道国技术优势	东道国营商环境
东道国引资需求	1					
东道国资源优势		1				
东道国市场优势			1			
东道国地缘优势				1		
东道国技术优势					1	
东道国营商环境						1

注：可选标度为 1，2，3，4，5，1/2，1/3，1/4，1/5。

（二）二级指标的比较

1. 东道国引资需求二级指标比较

j i	粮食安全	经济发展	就业水平
粮食安全	1		
经济发展		1	
就业水平			1

注：可选标度为 1，2，3，4，5，1/2，1/3，1/4，1/5。

2. 东道国资源优势二级指标比较

j i	耕地资源	水资源	劳动力资源
耕地资源	1		
水资源		1	
劳动力资源			1

注：可选标度为 1，2，3，4，5，1/2，1/3，1/4，1/5。

3. 东道国市场优势二级指标比较

j i	市场规模	市场开放程度	市场成长性	在该国投资基础
市场规模	1			
市场开放程度		1		
市场成长性			1	
在该国投资基础				1

注：可选标度为 1，2，3，4，5，1/2，1/3，1/4，1/5。

4. 东道国地缘优势二级指标比较

j i	地缘政治	地缘经济	地缘文化
地缘政治	1		
地缘经济		1	
地缘文化			1

注：可选标度为 1，2，3，4，5，1/2，1/3，1/4，1/5。

5. 东道国技术优势二级指标比较

j i	农业技术水平	人力资本
农业技术水平	1	
人力资本		1

注：可选标度为 1，2，3，4，5，1/2，1/3，1/4，1/5。

6. 东道国营商环境二级指标比较

i＼j	政治法治环境	经济稳定性	物流基础设施	通信设施	营商便利度
政治法治环境	1				
经济稳定性		1			
物流基础设施			1		
通信设施				1	
营商便利度					1

注：可选标度为 1，2，3，4，5，1/2，1/3，1/4，1/5。

三、本部分针对的是产后环节（农产品深加工、仓储物流、农产品营销、农产品品牌管理等）

矩阵如下：

（一）一级指标的比较

i＼j	东道国引资需求	东道国资源优势	东道国市场优势	东道国地缘优势	东道国技术优势	东道国营商环境
东道国引资需求	1					
东道国资源优势		1				
东道国市场优势			1			
东道国地缘优势				1		
东道国技术优势					1	
东道国营商环境						1

注：可选标度为 1，2，3，4，5，1/2，1/3，1/4，1/5。

（二）二级指标的比较

1. 东道国引资需求二级指标比较

i＼j	粮食安全	经济发展	就业水平
粮食安全	1		
经济发展		1	
就业水平			1

注：可选标度为 1，2，3，4，5，1/2，1/3，1/4，1/5。

2. 东道国资源优势二级指标比较

j / i	耕地资源	水资源	劳动力资源
耕地资源	1		
水资源		1	
劳动力资源			1

注：可选标度为 1，2，3，4，5，1/2，1/3，1/4，1/5。

3. 东道国市场优势二级指标比较

j / i	市场规模	市场开放程度	市场成长性	在该国投资基础
市场规模	1			
市场开放程度		1		
市场成长性			1	
在该国投资基础				1

注：可选标度为 1，2，3，4，5，1/2，1/3，1/4，1/5。

4. 东道国地缘优势二级指标比较

j / i	地缘政治	地缘经济	地缘文化
地缘政治	1		
地缘经济		1	
地缘文化			1

注：可选标度为 1，2，3，4，5，1/2，1/3，1/4，1/5。

5. 东道国技术优势二级指标比较

j / i	农业技术水平	人力资本
农业技术水平	1	
人力资本		1

注：可选标度为 1，2，3，4，5，1/2，1/3，1/4，1/5。

6. 东道国营商环境二级指标比较

$\dfrac{j}{i}$	政治法治环境	经济稳定性	物流基础设施	通信设施	营商便利度
政治法治环境	1				
经济稳定性		1			
物流基础设施			1		
通信设施				1	
营商便利度					1

注：可选标度为 1，2，3，4，5，1/2，1/3，1/4，1/5。

再次感谢您的大力支持！

姓名：姜小鱼

邮箱：jiangxiaoyu0022@126.com

中粮集团访谈提纲

1. 中粮一直坚持推进从田间到餐桌的"全产业链"战略，这种全产业链战略又是如何推向全球的？因为产业链环节很多，比如产前环节：农资生产、育种；生产环节：种植、加工；产后环节：仓储、物流、销售等，我想了解一下中粮这些环节的业务分别都分布在哪些国家和地区？在这些地方都开展了哪些代表性的项目，从而在全球范围内将产业链各环节联系在一起？

2. 中粮为什么选择在这些国家和地区开展业务，这些国家有哪些优势吸引中粮投资？

3. 中粮在开展海外业务时，形成了哪些有代表性的投资以及合作模式？

4. 在推动全产业链战略走向全球的过程中，中粮遇到的主要困难有哪些？

5. 中粮是如何应对这些困难的？希望获得政府哪些帮助或政策支持？

6. 当前全球经贸形势复杂多变，在新冠疫情对全球粮食供应链造成威胁的形势下，中粮将如何进行下一步的全球布局？